健康ライブラリー　イラスト版

不登校・ひきこもりの心がわかる本

いそべクリニック院長　磯部　潮［監修］

講談社

まえがき

不登校・ひきこもりの問題で悩んでいる人にまず伝えたいのは「あせらないでください」という言葉です。

悩みを抱える本人はもちろん、周囲で見守っている家族や教師も、問題の解決を急がないことが大切です。学校や職場に行かなければならない、行かせなければならないと考えて、急ぐのはやめましょう。あせればあせるほど、精神的に追いつめられ、状況が悪化します。

学校や職場に通い続けることだけが人生ではありません。それだけに固執してあせるのはやめて、少し休みましょう。

不登校でも、ひきこもりでも、最終的に自分のやりたいことを、自分にあった方法でできるようになればいいのです。それをゆっくり探すことにしてください。

本書は、そのようにしてこの問題とゆっくりとりくんでいくための手引です。不登校・ひきこもりの原因はなにか、本人はどんなことに悩み、いまなにを考えているのか。それを理解するためのヒントをまとめました。子どもたちの心理状態は一人ひとり違いますが、彼らの心を理解するうえで参考にはなるはずです。

また、不登校・ひきこもり状態から抜け出すためのヒントも紹介しています。社会には、精神保健福祉センターや医療機関、民間の支援団体など、さまざまな受け皿があります。家族で対話することや、それらの機関を利用することが、状況を変えるための一歩になります。

不登校・ひきこもりは、人生からの脱落ではありません。自分にあった道を探すための機会ととらえて、じっくり考えましょう。

いそベクリニック院長
磯部　潮

不登校・ひきこもりの心がわかる本

もくじ

2 本人はなにを考え、悩んでいるか …… 31

3 八方塞がりの家族へのアドバイス …… 49

4 人生を変える一歩のふみ出し方 …… 67

基 礎 知 識

不登校とひきこもりは、同じことではない

不登校は学校に行きたがらない状態。ひきこもりは家から出られない状態。同じことのようですが、内面が違います。

自意識が強くなり、小さなことを気にしすぎて、不登校に

不登校
学校や束縛されることへの反発心が強く、登校したくないという意志がある。具体的になにが嫌か、言える子もいる
●学校制度、勉強への反発

10
0
年齢

中学校

交遊関係が複雑になり、受験勉強がはじまるため、不登校が小学校よりも増える。思春期で自我がめばえるのも悩みの種に。

●受験、恋愛、自我の悩みなど

小学校

友人関係や勉強での悩みが増え、高学年から登校拒否が出はじめる。成長過程であるため、アドバイスによって改善しやすい。

●友人関係で悩みはじめる

幼児期

保育園や幼稚園に行くことを怖がる子がいるが、基本的には問題ない。こだわりが強く、いつまでも慣れない場合は、保健師や保育士に相談を。

●見知らぬ場所や人を恐れる

不登校とひきこもりでは心理状態が違う

不登校とひきこもりは、外出できないという行動面は同じですが、心理面には違いがあります。

　不登校は学校に行きたくないという意志をもち、家に閉じこもっている状態です。いっぽうひきこもりは、それほど強い意志がなく、なんとなく社会に出たくないという状態です。

経過や対応の仕方も変わってくる

　心理状態が異なるため、行動面の経過や、保護者のとるべき対応も異なります。

　不登校の子どもは悩みがわかっていることが多く、その対応が中心です。比較的、改善しやすい状態といえます。ひきこもりでは悩みを自覚していない場合が多く、長期的に対応していきます。

　どちらも、本人の気持ちを頭ごなしに否定せず、じっくり話しあっていく点では共通しています。

大学を出て就職したのに、すぐに辞めてしまい、ひきこもる
ひきこもり
束縛に反発するのではなく、回避する。
社会への不安や抵抗感はもっているが、明確になにが嫌かわかっていない
●人間関係の回避、拒絶
30
20

中年期

　一度社会に出て挫折《ざせつ》し、ひきこもる人がいる。ほかに、学生時代からのひきこもりが長期化している場合もある。

●ひきこもりが習慣化する

社会人

　学校を出てから、社会に自分の居場所がみつからないと、ひきこもりに。不安やあせりを強く感じている。

●居場所がみつからない

高校・大学

　進路を自分で選ぶ年齢になり、学校に行くか別の道を選ぶか考えはじめる。社会を拒み、ひきこもりになる場合がある。

●進路、人生の悩み

基礎知識

不登校のおよそ3割がひきこもりになる

不登校や出社拒否が、必ずしもひきこもりにむすびつくとはかぎりません。周囲が対応することで、状態は改善します。

不登校児童の将来はけっして暗くはない

不登校が長く続くと、ひきこもりに移行します。学校だけでなく、社会全体への不安や恐怖を抱えて、家から出られなくなるのです。

ただし、その割合はけっして高くはありません。不登校からひきこもり状態になるのは、およそ三割の子だといわれています。それ以外の七割の子は、なんらかの形で社会と関わっていきます。

大人は子どもが不登校になると将来を悲観しがちですが、将来はけっして暗くはないのです。

ひきこもりも長い目でみれば、よくなっていく

また、たとえひきこもり状態になっても、周囲が本人の話をよく聞いて、対応をしていけば、改善は十分に望めます。

不登校・ひきこもり状態になると、社会との接点が減り、理想と現実のギャップが広がります。現実を体験する機会がないからです。

対話や外出を増やして、経験をつむ機会をもうけ、社会復帰をサポートしましょう。ただ悲観するのではなく、行動することで、事態は改善していきます。

理想の自分と現実の自分のギャップに悩み、人生が嫌になっていく

1
どうして外に出られないのか

不登校・ひきこもりの原因は、一様ではありません。
子どもたちは一人ひとり、違う悩みを抱えています。
やみくもに激励したり、叱ったりするのではなく、
なぜ不登校・ひきこもりの状態になるのか、
そのメカニズムをまずは理解しましょう。

原因

原因をひとつに特定することはできない

不登校・ひきこもりは、なにかひとつの出来事によってひき起こされるのではありません。さまざまな要素が関係しています。

性格のせいでもしつけのせいでもない

子どもが学校に行けなくなることを、本人の甘えのせいにしたり、保護者のしつけのせいにしたりする人がいます。

性格やしつけが不登校・ひきこもりに関係していることは事実です。しかし、それだけで家から出られなくなることはありません。ほかにもさまざまな要素がからみあっています。

性格やしつけを指摘して、本人や家族に責任を負わせても、状況は改善せず、本人はますます閉じこもってしまいます。原因や責任を追及して追いこむのではなく、性格やしつけの問題点を支援することが大切です。

きっかけは思い当たる

原因を探っていくと、受験やいじめなど特定の出来事に思い当たることがあります。しかしそれは原因ではなく、ひとつのきっかけにすぎません。それだけが悪いわけではないのです。

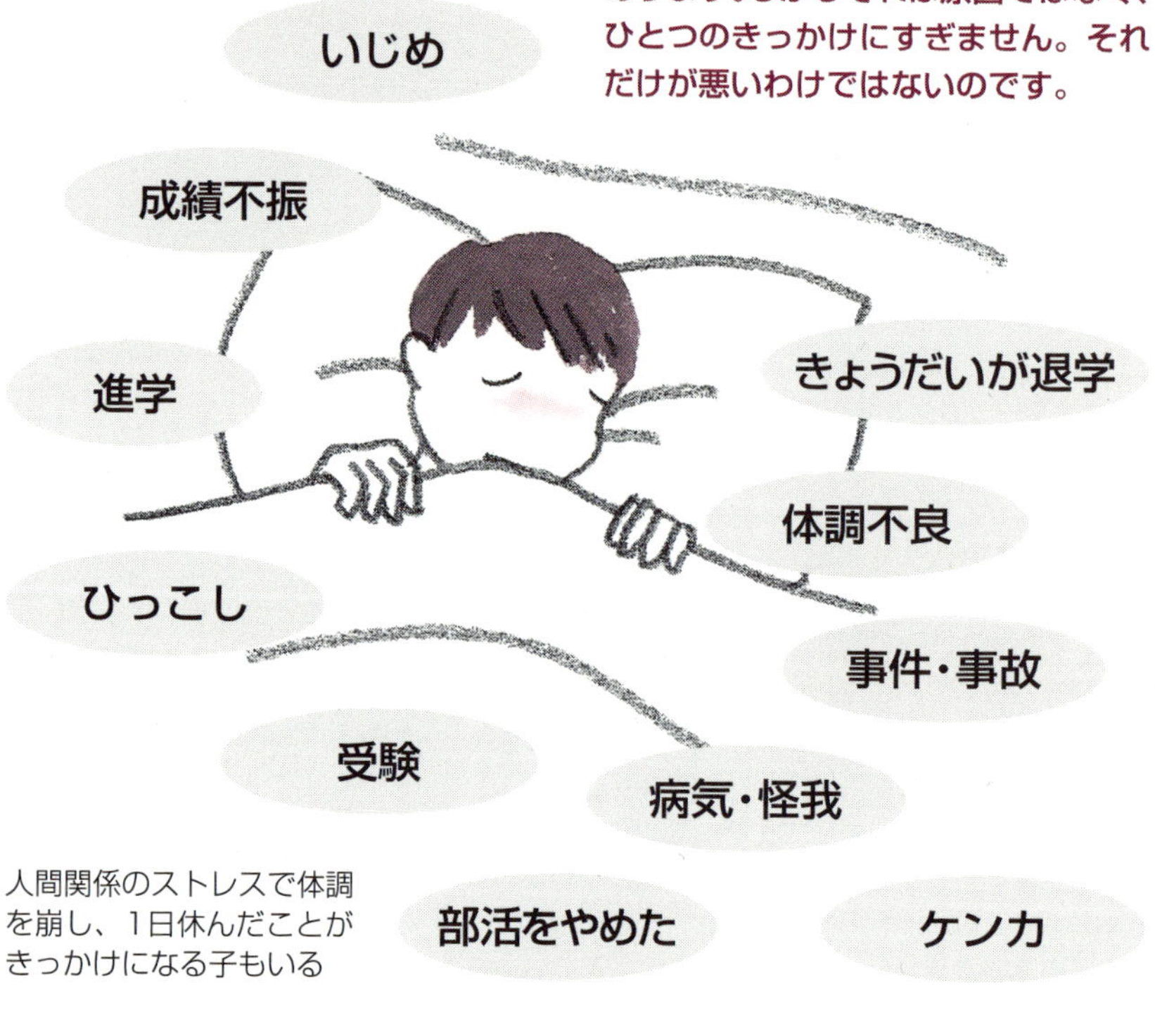

いじめ
成績不振
進学
きょうだいが退学
体調不良
ひっこし
事件・事故
受験
病気・怪我
部活をやめた
ケンカ

人間関係のストレスで体調を崩し、1日休んだことがきっかけになる子もいる

原因ははっきりしない

不登校・ひきこもりの背景には、さまざまな感情が渦まいています。「いじめ」「受験」など、表に出ることだけをみるのではなく、子どもの悩みやストレスのもとを理解することが大切です。

甘やかすのが悪いというのは、一面的な考え方。それだけを変えても事態が改善するとはかぎらない

なにかの病気？

心の病気や体調不良で学校に行けない場合もある。話しあっても解決しない場合、その可能性も考慮する。

●気になったら医療機関へ

社会が悪い？

個性の時代になり、自由度が高くなって悩みも増えている。しかしそれは誰にとっても同じこと。

●社会や人のせいにしない

学校の対応？

学校との相性がよくない場合、居心地の悪さがひとつの要素にはなる。しかし、それは対話で解決できること。

●学校とはできるだけ対話を

保護者のしつけ？

家庭環境や教育のせいではない。環境をととのえ、きちんと教育しても、ひきこもる子どもはいる。

●束縛している場合は注意

本人の性格？

いくらひっこみ思案でも、それだけで不登校になることはない。本人のせいにしていては解決しない。

●性格にあわせた対応を

ひきこもりやすいタイプは遺伝する？

不登校・ひきこもりと遺伝には関連がありません。きょうだい二人以上がひきこもりになってしまうこともありますが、遺伝が原因ではありません。

きょうだいでひきこもりになる場合、生活環境の影響が考えられます。会話が少なく、立ち直るきっかけがない環境では、ひきこもりになりやすいといえます。

心理的要因

悩むポイントは一人ひとりまったく違う

子どもたちはさまざまなことに悩んでいます。周囲が思いもかけないことに苦しんでいる場合も。一人ひとりの声に耳を傾けましょう。

不登校にむすびつく悩み

悩みごとをつのらせて、人に会うことや学校に通うことを嫌がっていると、不登校・ひきこもりに発展していきます。悩みに早く気づき、話しあえば、事態の悪化を防げます。

家族・教師への反発

大人の教育方針に反発する。自分の希望を周囲が受け入れてくれないと、捨《す》て鉢《ばち》になる
→お互いの希望を話しあうことが大切

人生への失望

自分の境遇や能力に失望して、やる気を失う。目標をもてない
→理想と現実の折りあいをつけられるよう、ゆっくり諭す

受験勉強にいらいらして、不登校に。子どもに無理をさせないで

進路への迷い

自分がなにをしたいのかわからず、迷い苦しむ。進路を決められない
→結論を急がず、じっくり考える機会をもうける

成長の不安

勉強面、生活面などで、ほかの子と同じように行動できないことに悩む
→成長の速さはそれぞれ違うことを理解させる

人間関係

友達とケンカしたり、グループからはずされたりすると、学校に行けなくなる
→友達と話しあうこと、視野を広げることで解決していく

わからない

外出を嫌がる理由が、自分でもわからない。漫然と悩んでいる
→できる範囲で活動をしながら考えていく

友達のグループから仲間はずれにされ、居場所を失ったことがきっかけに

「不登校」という枠に当てはめて考えない

子どもに接するときの原則のひとつが、一般論や固定観念に当てはめて考えないということです。

テレビや新聞でいわれている「不登校・ひきこもり」は、あくまでも一般論です。接し方の参考にはなりますが、誰にでも当てはまるとはかぎりません。

一般論はあくまでも参考程度に考え、それよりも本人の話を聞くことを優先してください。

原因を探しはじめるときりがない

子どもは一人ひとり、異なった悩みを抱えています。それを理解して、先入観なしに話を聞きましょう。

悩みごとを聞くとき、不登校・ひきこもりの原因を探るような聞き方をすることは、さけてください。必要なのは、悪いところを探して直そうとする人ではなく、悩みを理解して、いっしょに考えてくれる人です。

無理解がひきこもりを招く

最初は軽い不安や反発でも、対話や理解がたりないと、子どもの悩みは深まっていきます。失望が絶望に変わり、心理的に立ち直れなくなっていきます。

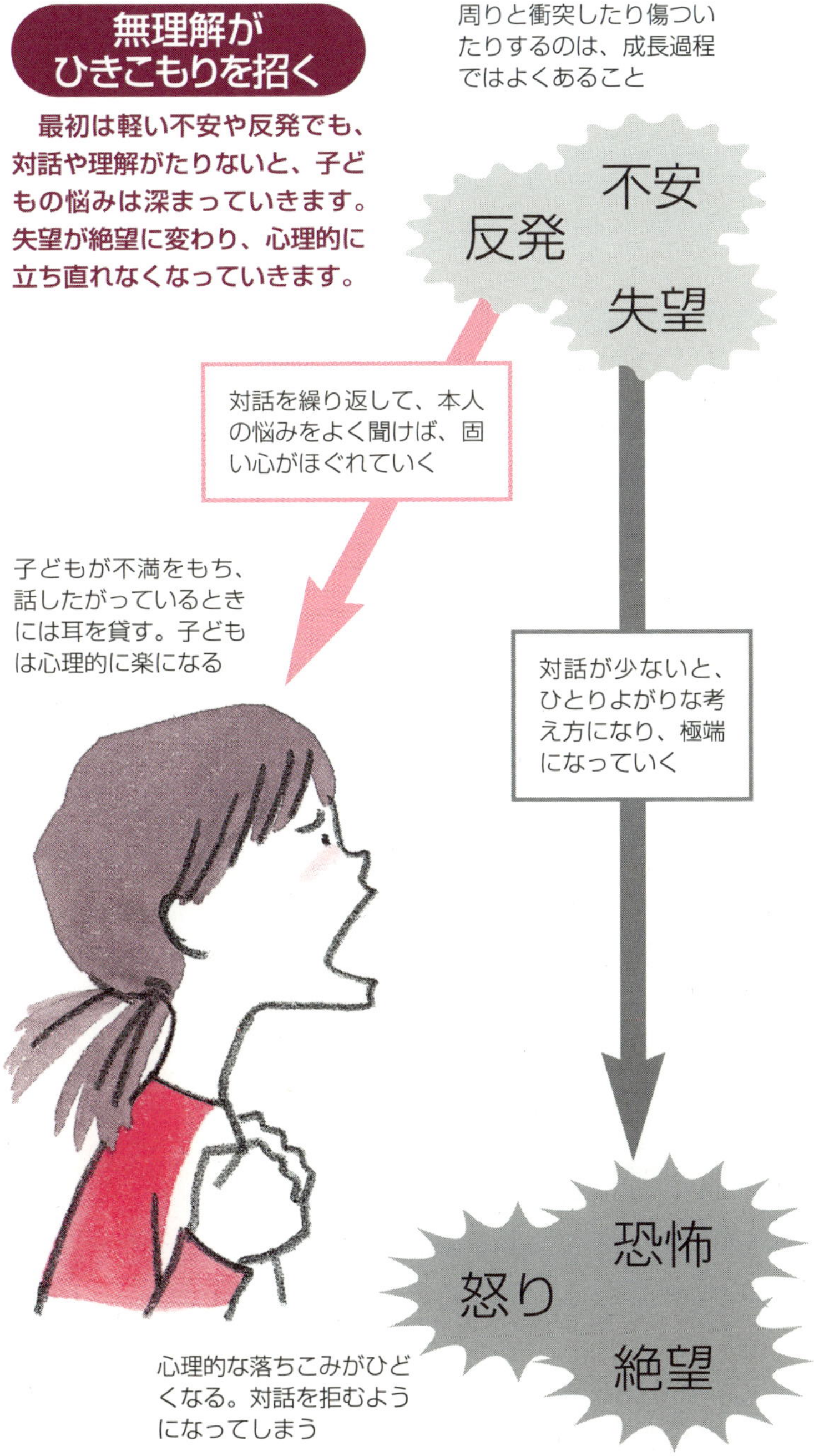

周りと衝突したり傷ついたりするのは、成長過程ではよくあること
不安
反発
失望
対話を繰り返して、本人の悩みをよく聞けば、固い心がほぐれていく
子どもが不満をもち、話したがっているときには耳を貸す。子どもは心理的に楽になる
対話が少ないと、ひとりよがりな考え方になり、極端になっていく
恐怖
怒り
絶望
心理的な落ちこみがひどくなる。対話を拒むようになってしまう

身体的要因

ストレス性の頭痛・腹痛がきっかけになることも

頭痛や腹痛などの身体症状をきっかけに外出できなくなり、それが慢性化する場合があります。病気の可能性も考えられます。

身体症状は早めに対処

不登校・ひきこもりには、心理・身体・社会の3要素が関わっています。そのうち身体的な要因は、長びくと健康面に影響が出るため、できるだけ早く対応することが望まれます。

心理的要因

悩みごとやストレス、考え方の偏りなど。人間関係や成績の問題が関係していることが多い（12ページ参照）

身体的要因

ストレスによって身体症状を起こす場合と、その反対に、ぜんそくやアトピーなどの身体症状からストレスを感じる場合がある

社会的要因

学校や企業の形態が多様化して、不安定な社会になった結果、不登校・ひきこもりになりやすい環境になっている（16〜19ページ参照）

3つの要素がからみあっている。すべての要素に対応していくことが大事

身体的 →

まず症状をおさえる

痛みやだるさが強いときは休む。場合によっては薬を使い、症状の苦しみをとりのぞくことからはじめる。

- 薬を使って対症療法
- ぜんそく、アトピーへの対応

身体症状をおさえてから対応へ

心理的・社会的 →

じっくり対応

心理的・社会的な問題は、すぐには解決しない。どのような形で折りあいをつけるか、じっくり話しあう。

- 将来のことを相談する
- 考え方の違いを確かめあう

薬を飲むことによって楽になる身体症状もある

きっかけになりやすい身体症状

学校や勤務先に対して強いストレスを感じていると、それが身体の不調となって表れます。家にいれば体調は安定するため、休みがちになり、閉じこもります。

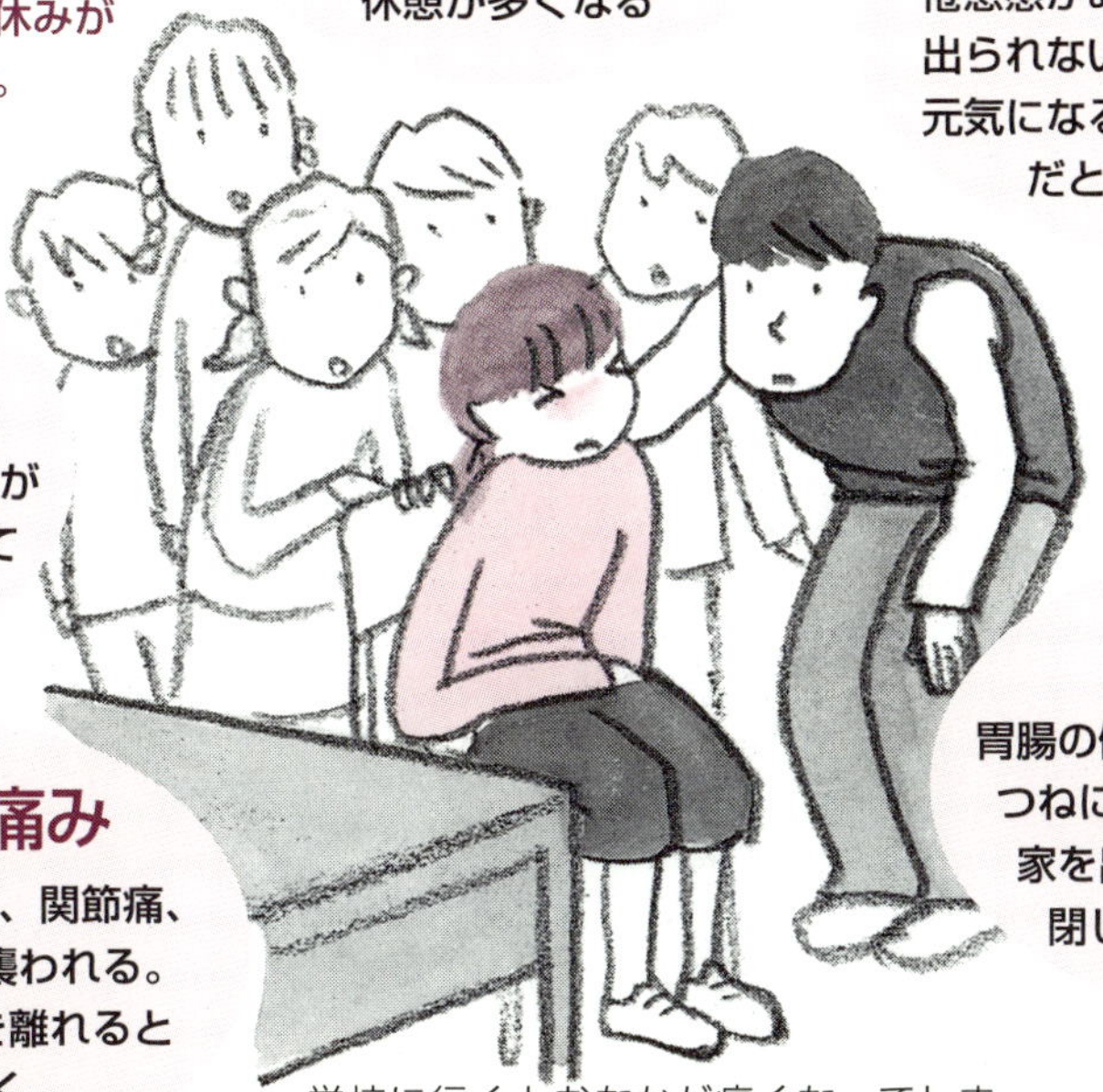

頭痛
もっとも多い症状のひとつ。登校前にも登校してからも生じる。保健室などでの休憩が多くなる
だるい・気持ち悪い
倦怠感があり、元気よく家を出られない。休むと決めると元気になることが多く、仮病だと誤解されがち
貧血
めまいを起こして倒れてしまう。貧血以外にも呼吸が乱れたり、のぼせたりして倒れることもある
腹痛
胃腸の健康状態に関係なく、つねに腹痛に悩まされる。家を出るのが怖くなり、閉じこもってしまう
手足の痛み
原因不明の痛み、関節痛、しびれなどに襲われる。教室や仕事場を離れると落ち着く

学校に行くとおなかが痛くなってしまう。それを怖がって、登校できなくなる

身体症状は不登校の子どもに多い

ストレス性の身体症状は、不登校の子どもによくみられることです。不登校の子は学校や友達、教師などに対して悩みを抱えています。それをつのらせて、体調を崩すのです。学校や教師など、自分の悩みの種に対面すると、身体症状に襲われます。

ひきこもりでは悩みの対象がはっきりしないことが多く、身体症状を訴える子は多くありません。

身体面と心理面は切り離せない

身体症状は、体だけの問題ではありません。悩みがあるために症状が表れ、症状のせいで悩みが深まるという悪循環にはまっています。たとえ頭痛がおさまっても、悩みごとが解消されなければ、再発する恐れがあります。

身体面の症状をやわらげるとともに、ストレス対策をして、心理面のケアもしましょう。

社会的要因

社会が多様化して、不安定になっている

現代社会は五年、一〇年単位で様変わりします。そのため将来の見通しが不安定で、その不安が不登校やひきこもりに関係しているようです。

考えたり悩んだりする余地ができた

不登校・ひきこもりをひき起こす要素のひとつに、社会の多様化があります。社会の変化が、子どもたちの心理に影響を与えているのです。

以前は、子どもは学校に通うのが当たり前、大人になったら働くのが当たり前という一般常識がありました。しかし、いまは学校以外の選択肢が増え、学校に行かなくてもいいという価値観が広く認められています。

そのような時代の変化を受けて、登校しないで考えたり悩んだりできるようになりました。その変化が、不登校・ひきこもりの背景にあるといえます。

価値観が多様化した

不登校・ひきこもりになる人が増えていることの背景には、社会の変化があります。学校に以前ほどの絶対的な存在感がなくなり、いまの子どもたちにはよくも悪くも開けた未来が待っています。

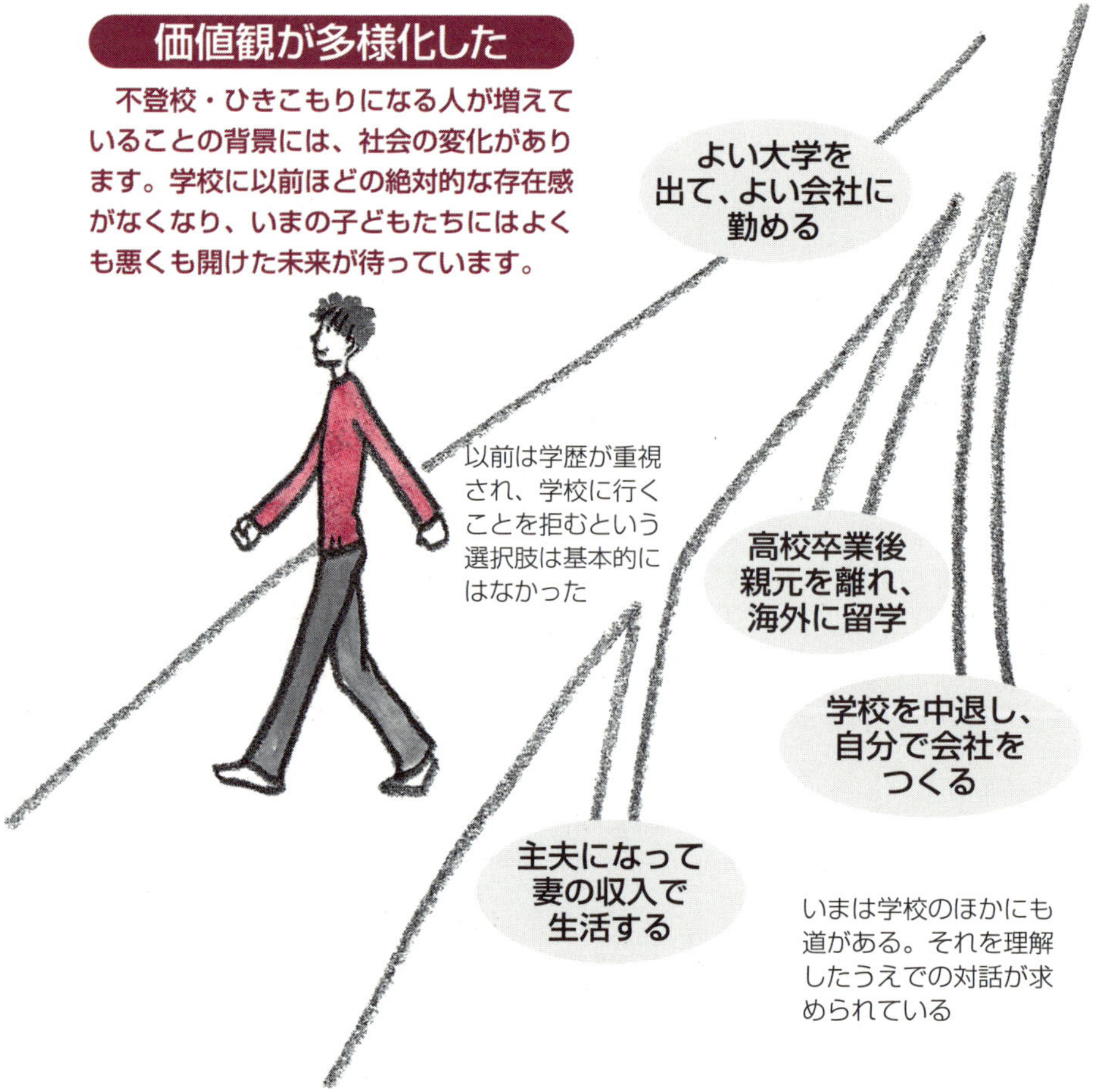

よい大学を出て、よい会社に勤める
高校卒業後親元を離れ、海外に留学
学校を中退し、自分で会社をつくる
主夫になって妻の収入で生活する

以前は学歴が重視され、学校に行くことを拒むという選択肢は基本的にはなかった

いまは学校のほかにも道がある。それを理解したうえでの対話が求められている

選択肢が増えている

不登校が多くなるのは中学校からですが、それは中学卒業後に進路が一挙に多様化することと関係しているでしょう。将来への不安や迷いが、子どもたちの生活を不安定にしています。

高校・大学に再チャレンジ

中学卒業後、すぐに高校に入らなくても、あとで入学できる。大学も同様で、チャンスはある。

- ●高校受験
- ●大検（大学入学資格検定）を受けて大学へ

高校・大学に通う

学校に通い続けるのもひとつの選択肢。人間関係に抵抗があれば、遠くの学校に通うこともできる。

- ●不登校を克服して通学する
- ●地元、親元を離れる
- ●留学する

働く・手伝う

学歴に関係なく働ける業界がたくさんある。手伝いからはじめるという選択肢も。

- ●就職する
- ●職業訓練学校へ

世の中にはいろいろな人がいるということを、小学生も中学生もわかっている

そのほかの学校へ

専門学校や、不登校の人が集まるフリースクールなど、学校の形態はさまざま。自分にあうところを探す。

- ●専門学校
- ●フリースクール

社会活動をする

勉強と仕事だけが人生ではない。家族と暮らしながら、社会活動をするのもいい。進路はあとで考える。

- ●ボランティア活動
- ●支援団体などの手伝いをする

グループに参加

同じ悩みを抱える人の団体や、趣味のグループなどに参加。そこでも社会性をはぐくむことができる。

- ●自助グループへ
- ●趣味のグループへ

「選択しない」という選択肢もある

選択肢が多すぎて悩み、進路を決められなくて不登校・ひきこもりになる場合があります。そうなると、家族は子どもが決断しなかったことを批判しがちですが、批判ではなく、支援をしてください。「選択を保留して、考える時間をもうける」という判断も、ひとつの選択肢なのです。

社会的要因

不登校・ひきこもりの相談件数が増えている

社会の多様化が不登校・ひきこもりになる人を増やしていることは、データにも表れています。

不登校・ひきこもりの調査結果

文部科学省の調査によると、毎年10万人以上の小中学生が不登校の状態になっています。少子化の影響で人数は減っていますが、問題が解決したわけではありません。また、ひきこもりの年齢分布をみると、20歳代が多くなっています。長期的な問題となっていることがわかります。

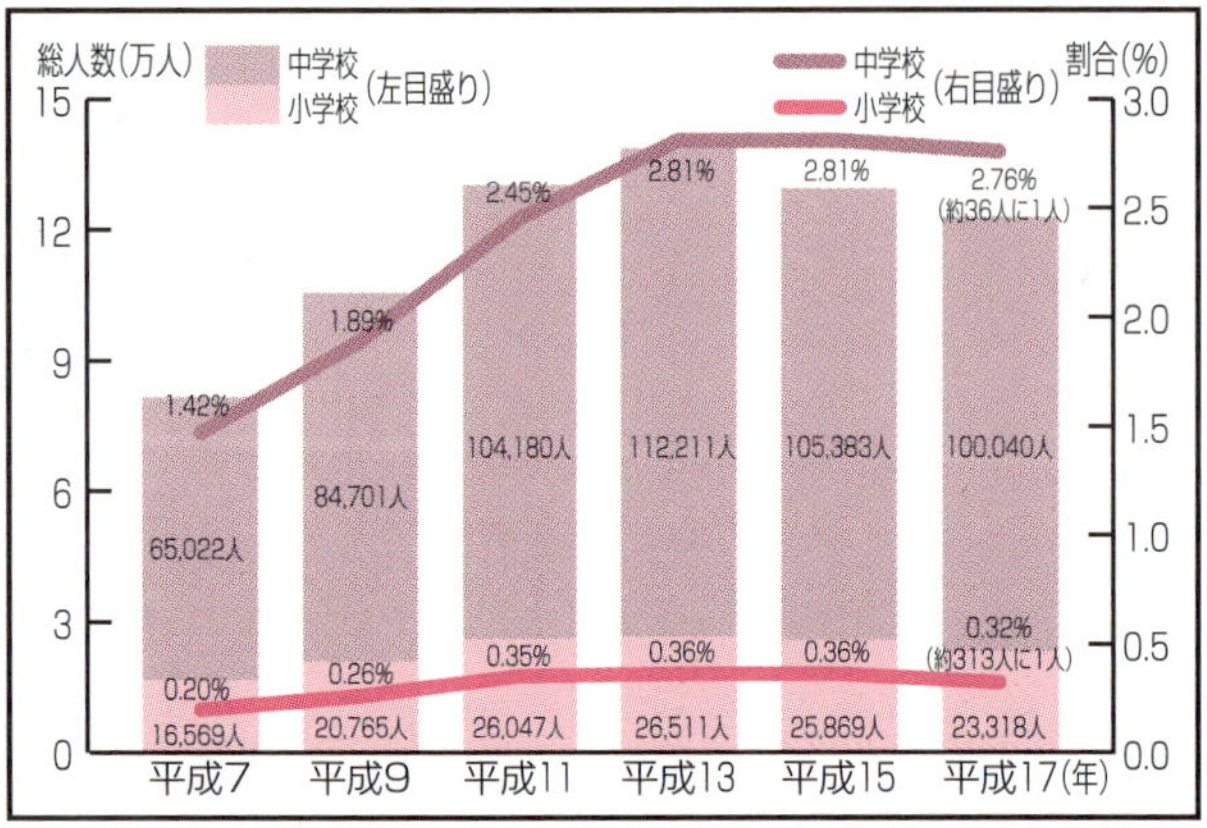

総人数(万人)
中学校
小学校
(左目盛り)
中学校
小学校
(右目盛り)
割合(%)
15
12
9
6
3
0
3.0
2.5
2.0
1.5
1.0
0.5
0.0
1.42%
1.89%
2.45%
2.81%
2.81%
2.76%
(約36人に1人)
65,022人
84,701人
104,180人
112,211人
105,383人
100,040人
0.20%
0.26%
0.35%
0.36%
0.36%
0.32%
(約313人に1人)
16,569人
20,765人
26,047人
26,511人
25,869人
23,318人
平成7
平成9
平成11
平成13
平成15
平成17(年)

不登校児童・生徒数

理由なしに年間30日以上欠席した児童・生徒の総人数と割合。平成13年度を境に総人数は減っているが、割合にはあまり変化がない

文部科学省「学校基本調査」より

ひきこもりの人の性別・年齢

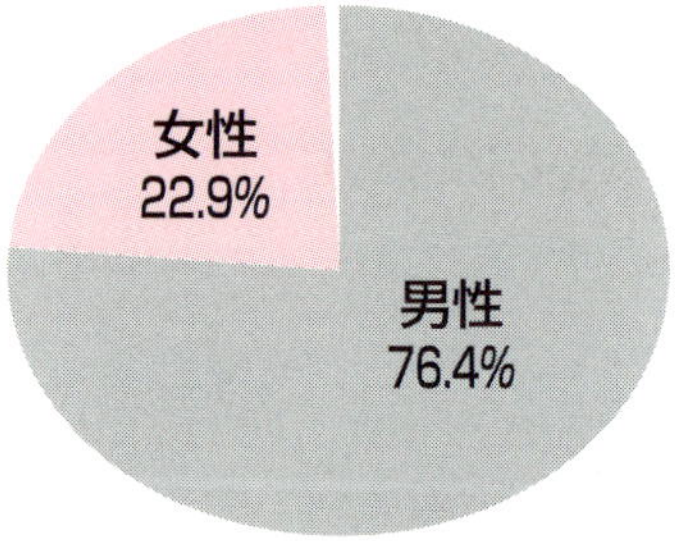

女性
22.9%
男性
76.4%

男女比はおよそ8:2で、男性のほうが圧倒的に多い。なお、この調査では就学・就労をせず、自宅中心の生活が6ヵ月以上続いている人で、疾患がなく、家族以外の人と親密な関係を維持していない人を「ひきこもり」と規定している
※0.6%が回答不明などの欠損値

ひきこもりの年齢分布。19～24歳が、ひきこもり全体の30%近くをしめる。平均年齢は26.7歳
※1.3%が回答不明などの欠損値

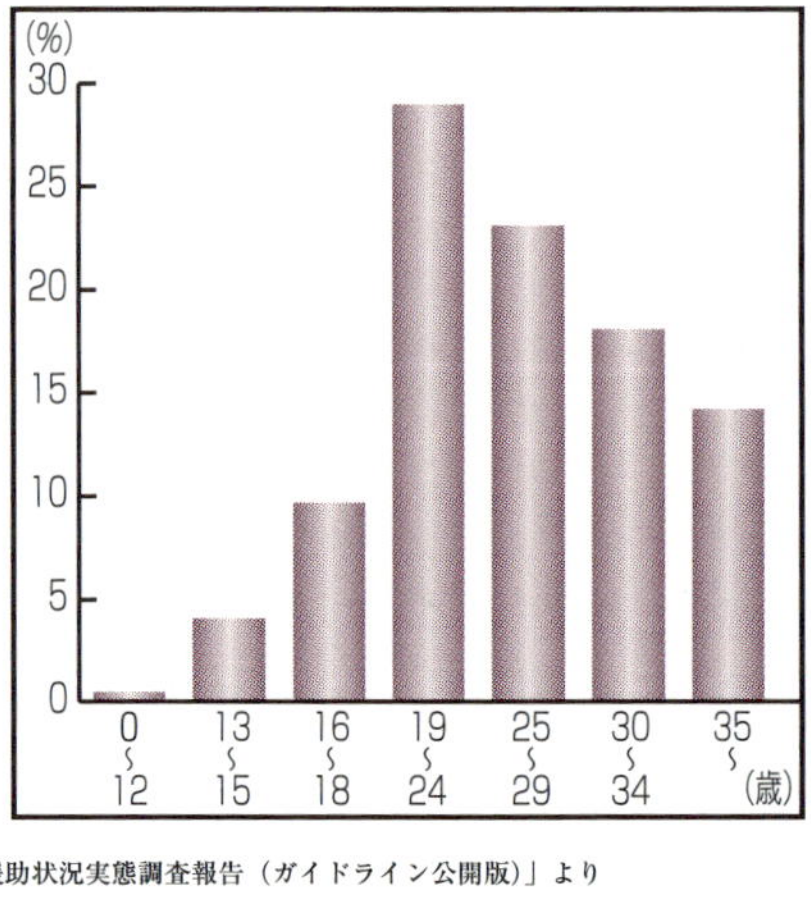

(%)
30
25
20
15
10
5
0
0～12
13～15
16～18
19～24
25～29
30～34
35～
(歳)

厚生労働省「『社会的ひきこもり』に関する相談・援助状況実態調査報告（ガイドライン公開版）」より

推計で一〇〇万人以上が悩んでいる

厚生労働省が年に一回、学校に関する全国調査をおこなっています。その統計によると、不登校状態になる児童・生徒が、毎年一〇万人以上います。

ひきこもりについては全国調査がおこなわれていないため、人数はわかりません。しかし、研究者の間では、推定で数十万～百数十万人になるといわれています。

不登校・ひきこもりの問題に悩んでいる人が、推計で一〇〇万人以上いるのです。

公的機関への問いあわせが年間一万件を超える

公的機関に問いあわせる人も増えています。平成一四年の時点で年間一万件を超えたという統計があります。

本書監修者のクリニックでも、不登校・ひきこもりの人の受診や家族による相談が一年間に一〇〇件以上あります。

公的機関への相談が増加

平成13年と14年におこなわれた調査をくらべると、保健所や精神保健福祉センターへのひきこもり問題の相談件数は、増加傾向にあります。ひきこもりは定義が難しく、定期的な全国調査がおこなわれていないため、はっきりとしたことはわかりませんが、現在も増加しているものと考えられます。

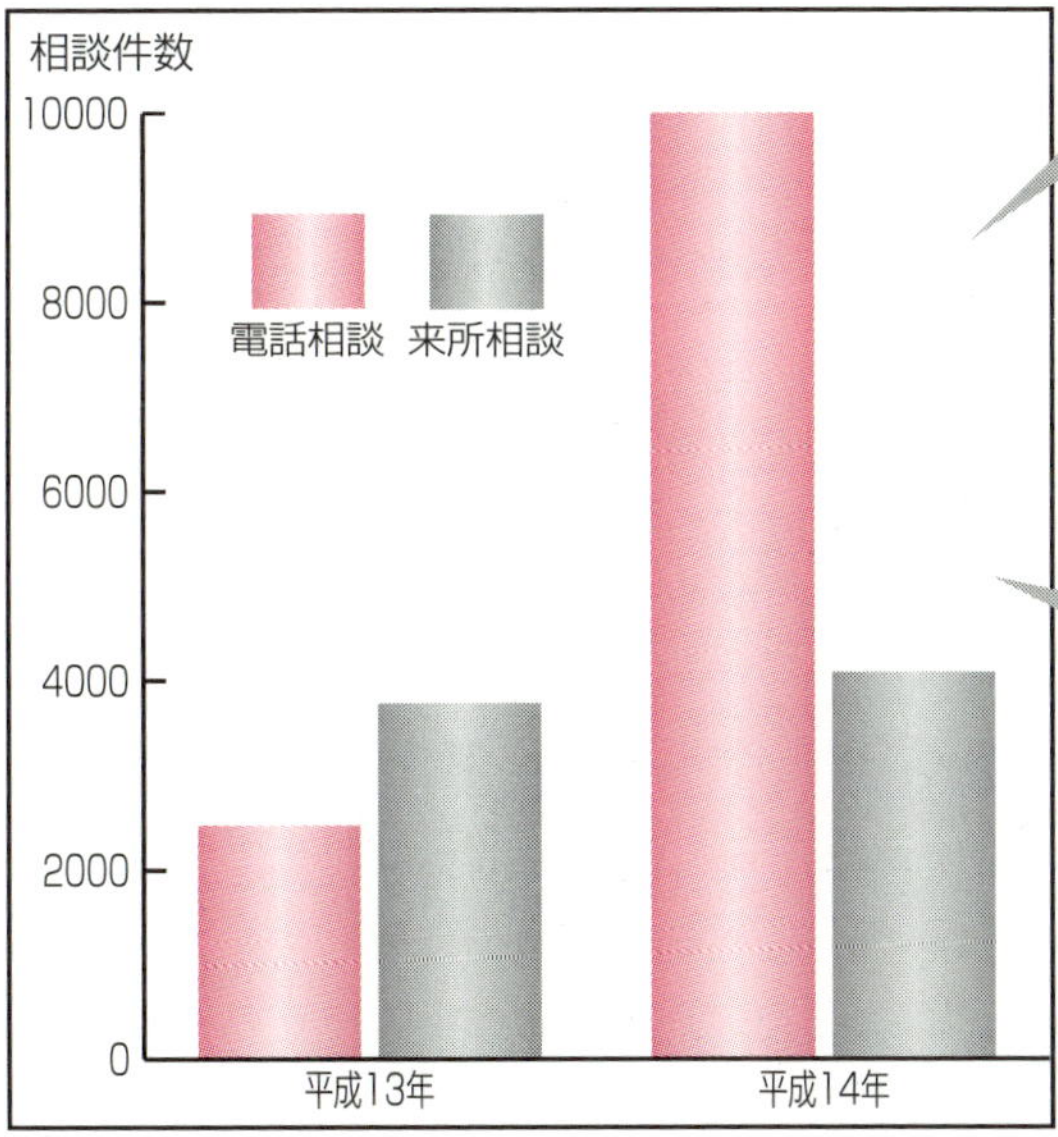
相談件数
10000
8000
6000
4000
2000
0
電話相談
来所相談
平成13年
平成14年

主な問題行為（複数回答）

昼夜逆転	41.1%
家族への拒否	21.4%
強迫的な行為	17.9%
家庭内暴力（本人から親）	17.6%
家族への支配的な言動	15.7%
器物破損	15.1%
被害的な言動	14.5%
食行動異常	7.6%
インターネット・電話の過度な使用	5.8%
自殺企図	3.2%

不登校経験の有無

小学校・中学校いずれかで経験あり	33.5%
小学校・中学校・高校・大学のいずれかで経験あり	61.4%

ひきこもりのうち、小中学校時代に不登校を経験した人は3割程度。不登校とひきこもりが必ずしも一致していないことがわかる

厚生労働省「『社会的ひきこもり』に関する相談・援助状況実態調査報告（ガイドライン公開版）」より

症状・経過

理想と現実のギャップが広がっていく

家から出ない生活が長く続くと、理想と現実の区別がしっかりできなくなっていきます。社会とふれる機会が減り、考える時間が増えるためです。

小さなつまずきが大きなギャップに

きっかけは悩みごとや友達とのケンカ、成績不振など小さなことでも、ひきこもった生活を続けているうちに、社会と自分との溝はどんどん広がってしまいます。

きっかけは人間関係、社会制度との小さな衝突

心理面
悩みごと
家族への反発

社会面
学校への不安・不満
社会への不信感

身体面
頭痛・腹痛・だるい・気持ち悪い

理想の自分

自分の考えがじょじょに現実離れしていき、ますます社会に出られなくなっていく

現実の自分

さまざまな要素がからみあって、不登校・ひきこもりがはじまる

最初はギャップが小さい

- 小説は書くが、人にみせない
- ゲームはやるだけで、専門の勉強はとくにしていない
- 歌は好きだが、練習はしない
- 理由もなく、社長になれると信じている
- テレビタレントより才能があると思っている

将来が理想化されていくいっぽうで、現実の自分は人と話すことがより苦手になる

ひきこもっていると、ギャップが拡大

時間とともに状態が深刻になる

家にひきこもっていても、家族や友達との会話があれば、状態はそれほど悪化しません。問題なのは、人と話さず、外出もせずに自室に閉じこもっているような生活が続いている場合です。

社会との接点がないまま時間がたつと、考え方の偏りが顕著《けんちょ》になっていきます。

本人と他人、理想と現実のギャップが広がる前に、なんらかの対応をするべきです。

小中学生のころにギャップを埋めたい

小中学生のうちは、行動範囲が狭く、人間関係も複雑ではないため、さほどギャップが広がりません。子どものうちに対話を増やして対応するのが理想的です。

高校生、大学生、社会人になっていくと、自我が確立して人の意見を聞かなくなるため、根気よく話しあう必要が出てきます。

ギャップを埋めることが解決策に

自宅中心の生活を放っておくと、ギャップは広がるいっぽうです。社会との接点や相談相手、実践する機会を増やして、理想と現実の間の溝を少しずつでも埋めることが必要です。それが社会復帰への一歩にもなります。

とくに執筆活動はしていないが、本気で書けばいつでも賞をとれると信じている
●人気作家になって賞をとる
●ゲームをつくる仕事につく
●歌手のオーディションに受かる
●自分で会社をつくって稼ぐ
●いつかテレビタレントになる

考える

どんなことをしたいか、具体的に考える。漠然とした想像をすることをやめると、目標ができる

行動する

小説を書く、専門学校のパンフレットを読むなど、目標に向かって行動を起こす。自分の力を理解できる

相談する

家族、友達と話をする。自分がどう心配されているかがわかると、現実に目が向く

外出する

学校以外でもかまわないので、行ける範囲で外出する。社会との接点ができる

解決への手立てはたくさんある

症状・経過

行動できる範囲は、人によって異なる

ひきこもり方は、みんな同じではありません。自室にこもりきりの人、コンビニまでは出かけられる人など、行動の仕方は人それぞれ異なります。

家に閉じこもらないひきこもりもいる

ひきこもりには一応の定義がありますが、それにとらわれないことが大切です。行動範囲と問題の深さは必ずしも一致しません。外出できてもコミュニケーションをとるのが苦手であれば、なんらかの対応が必要です。

●不登校とは

文部科学省では「何らかの心理的、情緒的、身体的、あるいは社会的要因・背景により、児童生徒が登校しないあるいはしたくともできない状況にあること（ただし、病気や経済的な理由によるものをのぞく）」で30日以上欠席した場合を不登校と定義して各種調査をおこなっている。

●ひきこもりとは

厚生労働省では以下の5項目を満たす場合を「社会的ひきこもり」と定義している。

1. 自宅を中心とした生活
2. 就学・就労といった社会参加活動ができない・していない者
3. 以上の状態が6ヵ月以上続いている
4. 統合失調症《とうごうしっちょうしょう》などの精神病圏の疾患、または中等度以上の知的障害（IQ55〜50）をもつ者はのぞく
5. 就学・就労はしていなくても、家族以外の他者（友人など）と親密な人間関係が維持されている者はのぞく

文部科学省「学校基本調査」、厚生労働省「『社会的ひきこもり』に関する相談・援助状況実態調査報告（ガイドライン公開版）」より

夜中になってもパソコンやゲームをしたり、テレビをみたりして、昼夜逆転した生活になる

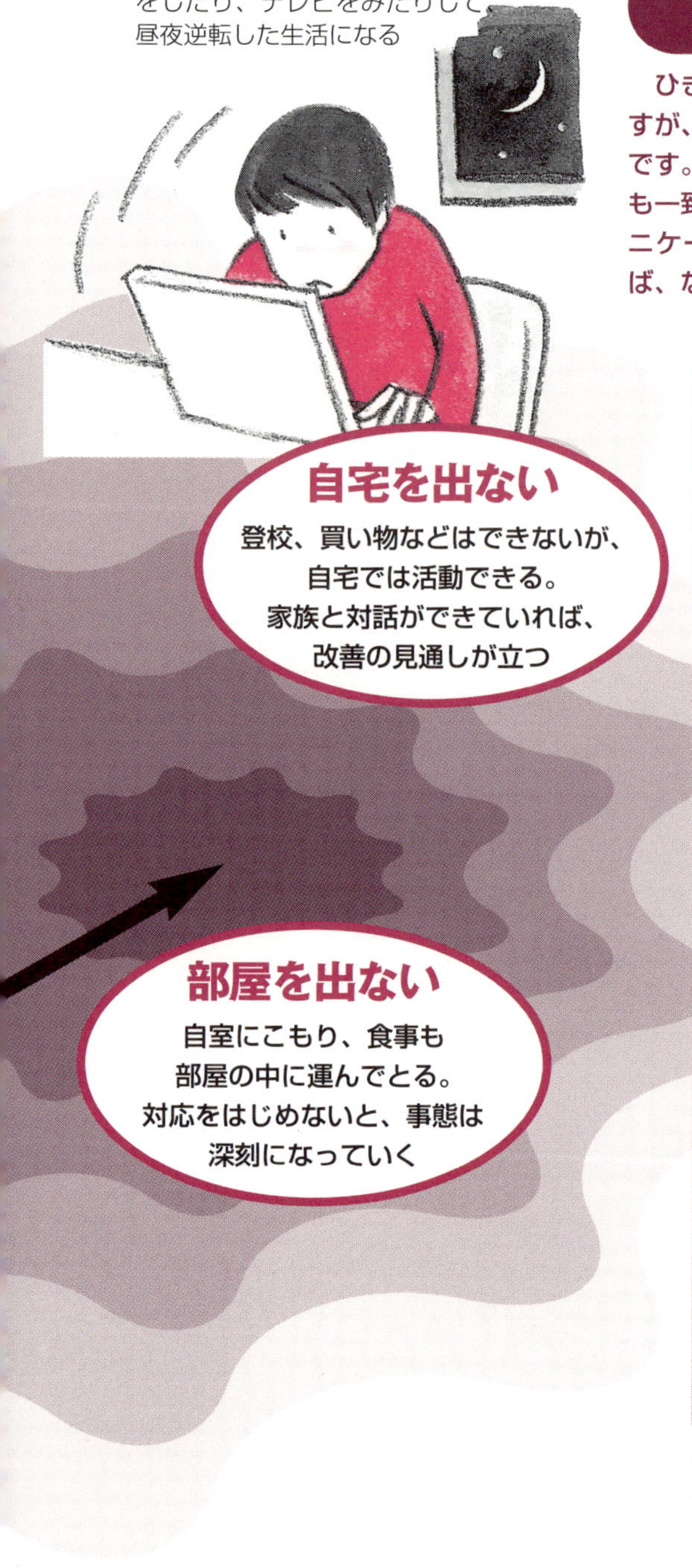

自宅を出ない
登校、買い物などはできないが、自宅では活動できる。家族と対話ができていれば、改善の見通しが立つ
部屋を出ない
自室にこもり、食事も部屋の中に運んでとる。対応をはじめないと、事態は深刻になっていく

外出できれば大丈夫、とは言い切れない

毎日学校に通っている子どもにも、不登校・ひきこもりになる可能性はあります。

話し相手がいなかったり、進路に希望をもてなかったりするまま通っていると、学校に行くことがじょじょにつらくなっていきます。一学期は元気だった子が、二学期に突然、閉じこもりはじめることもあるのです。

行動範囲だけをみていても、不登校・ひきこもりの症状や経過は把握できません。行動・心理もよくみましょう。本人が教師や友達とコミュニケーションをとることに苦しんでいるようなら、そのサポートが必要です。

近所の書店で立ち読みをしたり、本を買ったりする。購入時のコミュニケーションはとれる
近所から出ない
コンビニや書店など、自分が必要とするものを買いに行くことはできる。活動の幅を広げれば改善に近づく

学校に通っているが、ほかの児童・生徒とコミュニケーションをとらない。義務感で行動している
行動範囲が違っても、精神状態が似ていれば、注意するべき。学校に通えていた子が、急に自宅に閉じこもる場合もある
外出はできる
どこにでも外出できる。ただし、家族以外とコミュニケーションがとれず、自分から進んで活動はしない

診断名

ひきこもりには不安障害、パーソナリティ障害が関連

ひきこもりで医療機関を訪れると、社会不安障害、パーソナリティ障害などの診断名がつく場合があります。考え方や感じ方の障害です。

初対面の人とうまく話せず、それを苦にして外出しなくなる

関連が深い2つの「障害」

ひきこもりと関連が深いのは、不安障害とパーソナリティ障害。どちらも脳機能の偏りによる「障害」です。考え方が偏っているため、周囲がサポートをしないと、孤立していきます。

不安障害

特定のものに対して強い不安を抱く。ひきこもりと関連が深いのは「社会不安障害」で、人と対面することに極度の緊張感、恐怖感をもつ。

- 人前で恥をかくのが怖くて外出できない
- 人と話すと緊張して吐き気をもよおす

↓

社会に出るのが不安
人と話すと緊張

↓

ひきこもりが長期化
対人恐怖が深刻化

パーソナリティ障害（人格障害）

考え方に偏りがあり、社会生活に支障が出ている。ひきこもりでは批判や拒絶を過度に拒む「回避性《かいひせい》」と、自分を特別視する「自己愛性《じこあいせい》」の障害が多い。

- 嫌われたくないと言って、誰とも話さない
- 非現実的な夢を描き、自己を美化する

挫折を嫌がり、他人の考えを否定して、家に閉じこもる

障害があるためにひきこもり、それによって障害が深刻化するという悪循環

※よりくわしく知りたい方は健康ライブラリーイラスト版『社会不安障害のすべてがわかる本』（貝谷久宣監修）、『パーソナリティ障害のことがよくわかる本』（市橋秀夫監修）をご覧ください

ひきこもりの診断名として用いられる

不登校もひきこもりも、病気ではありません。ですから、医療機関を訪れても、病気だと診断されることはありません。

ただし、不登校・ひきこもりに診断名がつくことはあります。考え方や感じ方の偏りが、社会不安障害、パーソナリティ障害の診断基準に当てはまる場合です。

診断名がつくと、病気だと思って落ちこむ人がいます。障害だと言われれば、ドキッとするのも当然です。しかし、落胆するよりも、プラス面に目を向けましょう。

診断がつけば、問題点も対処法もはっきりします。専門家の指示にしたがって生活を変えていけば、本人にとっても家族にとっても、暮らしやすい生活が実現します。

診断にそって対応していく

ひきこもりは状態を示す言葉であり、広い概念です。病気の症状、性格や考え方の偏り、発達障害の二次障害など、人それぞれに原因も表れ方も大きく異なります。そのため、医療機関でもさまざまな診断が下ります。

ひきこもり

医療機関

専門家の面談を受ける。問題点や原因、経過などが確かめられ、なんらかの診断が下される。

原因が発達障害や精神疾患で、そちらへの対応を優先する場合。AD/HDやLD、うつ病、強迫性障害《きょうはくせいしょうがい》など

治療に入る

心理療法や薬物療法などで、病気・障害の治療をする。それによってひきこもり状態の改善が期待できる。(26～29ページ参照)

原因が特定の病気ではない場合。ひきこもり状態への対応をする

対応をはじめる

個々の問題点を確認し、対話や生活を変えることで問題解消をめざす。病気・障害への対応も参考に。

ひきこもりの対応に正解はない。医学的な治療、生活面での対応、個々の問題点などをすべて考慮して、そのなかで手探りで対応していくことになる。

社会不安が強い場合は、家族といっしょに外出をして不安をやわらげていく

関連する病気

発達障害の二次障害として起きることがある

不登校・ひきこもりは、病気や発達障害を原因として起こる場合があります。その場合は特別な対応が必要となるため、注意してください。

小学校でとくに多い「発達障害」

発達障害は、脳の働きに偏りがあり、発達に遅れが出ることの総称です。コミュニケーションや生活面に問題が起きやすいため、心の病気と考えられがちですが、脳機能の障害です。

マイペースな行動が多いため、大人がサポートしないと、友達と衝突する

AD/HD

注《ちゅう》意《い》欠陥《けつかん》／多動性障害《たどうせいしょうがい》。

落ち着きがなく、衝動的な行動をとりやすい。ほかの子どもとの間にトラブルを起こすことが多い

- ●失敗で自信を失い不登校に
- ●友達に嫌われて学校嫌いに

広汎性発達障害《こうはんせいはったつしょうがい》

自閉症《じへいしょう》、アスペルガー症候群などの総称。コミュニケーションをとるのが苦手で、周囲の人に意志を伝えられない

- ●話が通じないため、仲間はずれに
- ●こだわりが強く、登校を嫌がる

LD

学習障害。学習面の発達に遅れがある。特定の科目が極端にできず、友達にからかわれることがある

- ●勉強への苦手意識から不登校に
- ●からかわれて対人恐怖に

↓

自信喪失
周囲への不信

↓

不登校
対人恐怖

二次障害

発達障害への対応が遅れたために、別の問題に発展することを、二次障害という。不登校のほかに、暴力、非行、ストレス性疾患などにかかる場合も

※よりくわしく知りたい方は健康ライブラリーイラスト版『AD/HDのすべてがわかる本』（市川宏伸監修）、『自閉症のすべてがわかる本』『アスペルガー症候群のすべてがわかる本』（佐々木正美監修）、『LDのすべてがわかる本』（上野一彦監修）をご覧ください

発達の遅れがあり、自信を失っている

発達障害の子どもは、言動や考え方に偏りがあります。ほかの子どもよりも目立ちやすいため、トラブルを起こしたり、巻きこまれたりすることがあります。

とくに多いのが、発達の遅れがあるために周りの子と同じように勉強やスポーツができず、自信を失ったり、からかわれてケンカをしたりすることです。学校不信になって、登校をしぶります。

原因と対処法がわかれば、本人も安心する

こういったトラブルによって不登校になっている場合、家族や教師が発達障害を理解して、周囲にその理解を求めれば、状態は改善していきます。

言動が目立ってしまう原因や、その対処法を周知することで、子ども同士の衝突は減ります。トラブルが減れば、本人はまた学校に行けるようになります。

障害への対応で不登校も改善

二次障害として不登校が起きている場合、障害への対応をはじめると、本人の悩みが解消して、状況が改善します。保護者や教師、本人、友達が障害の特性を理解して、コミュニケーションの問題点を解決することが求められます。

不登校・ひきこもり

発達障害にはさまざまな機関が対応している

医療機関へ

本格的な治療教育プログラムを受けることができる。AD/HDの特性には薬物療法が用いられることも

公的機関へ

保健所・精神保健福祉センターなどで、治療教育を受けられる。発達障害に関する相談もできる

民間団体へ

発達障害児への支援をおこなっている民間団体がある。保護者同士の情報交換や、勉強会・相談会などに参加できる

対応の仕方がわかったら、保護者が中心となって子どもをサポート

治療教育、生活支援などで、子どもを的確にサポートできる。それによって暮らしやすい環境をつくれば、子どもの心身の状態が改善し、登校につながる。

自分とほかの子の違いを理解できれば、学校や勉強への苦手意識が薄れる

関連する病気

うつ病、強迫性障害《きょうはくせいしょうがい》にかかっている場合も

精神疾患の一症状として、ひきこもり状態になることがあります。発達障害の場合と同じく、疾患への対応によって、ひきこもりが改善します。

病気であることに気づかれない

不登校・ひきこもりに悩んで医療機関を受診し、病気だと診断されることがあります。うつ病や統合失調症などにかかっていて、その症状のひとつとして不登校・ひきこもりに陥《おちい》っている場合です。

外出できないという点では、不登校・ひきこもりと変わりがないため、本人も周囲の人も、病気であることに気づいていないのです。

うつ病

脳に異常が起きて、なにごとにも意欲をもてなくなる。体がだるくなり、考えが混乱して、外出できない

●やる気がなく、学校にも会社にも行きたくない

見分けるポイント

うつ病の人はやる気がないこと、うつ病であることを自覚できる。ひきこもりの人は自覚がない

うつ病にかかっていて脳内物質の偏りがあり、落ちこみやすくなっている

不登校・ひきこもりとは問題の本質が異なる

特定の精神疾患にかかっている場合、不登校・ひきこもりに主眼を置かず、病気への対応が優先となります。

精神疾患には、脳機能の偏りによって発病しているものが多いため、薬物療法や心理療法でその偏りを調整することをめざします。

心理状態が改善して考え方の偏りがなくなってくれば、外出することへの抵抗感もやわらいでいきます。

病気への対応をとることで、不登校・ひきこもりの改善がはかれるのです。

統合失調症

非現実的な考え方をすることが多く、妄想や幻覚に悩んだり、社会性が乏しくなったりして、外出しなくなる

●人を疑って、外に出ることを怖がる

統合失調症になると、髪型がボサボサになったり、服装が乱れたりする

見分けるポイント

統合失調症になると、身だしなみに気をつかわなくなる。また、家族が理解できない妄想を口にする

不登校・ひきこもりだと思われやすい精神疾患

うつ病や強迫性障害にかかって、外出できなくなる人がいます。病気であることに気づかないでいると、怠けたり甘えたりして不登校・ひきこもりになっているのだと誤解されます。

強迫性障害

施錠《せじょう》や手洗いなどをすませたかどうかが気になって、ほかのことが手につかなくなる。それがエスカレートしてひきこもりに

●戸締まりを何度確認しても外出できない

見分けるポイント

自覚の有無。強迫行動がよくないことだとわかっている。ひきこもりの人はなにがよくないか自覚していない

専門的な治療をはじめる

原因が病気・障害である場合は、ひきこもりにだけ対応していても改善しません。病気・障害を治療することが必要になります。

医療機関

診断を受け、ひきこもりのほかに問題がないか確認していく

専門家の指示にしたがって、生活全般の改善をはかる

精神疾患の症状は、薬物療法によってやわらぐ場合がある。それと並行して生活の改善、考え方の調整をおこない、問題を根本的に解決していく。

パニック障害

乗り物に乗ったり、狭い室内に入ったりすると、パニック発作を起こす。それが怖くてひきこもりがちになる

●電車内で倒れたことがあり、不安で外出できない

見分けるポイント

パニック発作への強い不安を訴える。ひきこもりの人の不安は漠然としている

※よりくわしく知りたい方は健康ライブラリーイラスト版『「うつ」に陥っているあなたへ』（野村総一郎監修）、『統合失調症』（伊藤順一郎監修）、『パニック障害』（渡辺登監修）をご覧ください

これで変わった！　実例集①

発達障害に対応することでパニックがぐんと減った

小学生の不登校には、発達障害を原因とする例が少なくありません。とくにAD/HDやアスペルガー症候群などは周囲に気づかれにくく、不登校にむすびつくことがよくあります。

Aくんは小学1年生の男の子。頭のよい子どもだが、人の気持ちを理解するのが苦手。集団行動を強制されると、パニックになることがある。

原因・きっかけ　持ち物検査に執着して、ほかの生徒に杓子定規《しゃくしじょうぎ》に規則を守らせようとして、トラブルになった

症状・経過　ほかにもトラブルが続き、本人が登校することが嫌になったと言って、不登校状態に

対応・改善

本人は正しいつもりだが、周囲からは嫌われる

Aくんは、集団行動中に周りの子が規則を破ると、かんしゃくを起こしてパニック状態になってしまうことがありました。

本人は正しいことをしているという自負があり、なぜ叱られるのかわからないと言いますが、周りの子どもは、Aくんのわがままだと感じていました。

アスペルガー症候群に気づき、対応をスタート

教師や友達との衝突が続くうちに、Aくんは不登校状態になって、クリニックを受診しました。

彼は言葉の遅れはなく、知能も正常以上でしたが、社会性やコミュニケーション、想像力の障害やこだわりがあり、アスペルガー症候群だと診断されました。

トラブルの根底には、アスペルガー症候群の特性があったのです。それさえわかれば、対応をはじめることができます。

集団行動を減らしてトラブル解消

わがままにみえるAくんの言動は、アスペルガー症候群の特性によるものだということを、担任の教師に伝えました。教師からクラスメイトにも伝えてもらい、周囲の理解を求めました。

Aくんは大人数の集団行動には参加しないようにして、トラブルを減らしました。心理士による治療教育も受け、Aくん自身も少しずつ変わってきました。

その後もときどきパニックを起こすものの、休まずに登校することができています。

2
本人はなにを考え、悩んでいるか

大人の価値観で子どもたちを説得すると、
彼らは反発して、より一層閉じこもってしまいます。
必要なのは説得ではなく、理解です。
子どもがどんな価値観をもち、
なにを悩んでいるか、理解しましょう。

考えていること

不登校とひきこもりでは、考え方の傾向が違う

不登校の子どもと、ひきこもり状態になっている子どもでは、考え方の傾向が違います。それを頭に入れたうえで、本人の話を聞きましょう。

不登校・ひきこもりの特徴と共通点

不登校とひきこもりは、外出できないという行動面では共通していますが、心理面は異なります。考え方や悩んでいることが根本的に違うのです。

不登校

特徴

学校に行きたくないという明確な意志がある。その理由を本人が自覚している場合もある

経過

ストレスの原因が解消すると、登校できる。きっかけひとつで改善することが少なくない

共通点

外出することや、他者とのコミュニケーションに不安や恐怖を感じている。改善したいとは思っている

ひきこもり

特徴

なぜ外出できないのか、自分でもわからない。外に出たくないわけではないが、漠然とした不安があって外出できない

経過

長期化することが多い。原因らしきことが解消しても、なんとなく外出できない

あくまでも、それぞれの傾向。この特徴に当てはまらない子もいる

不登校の場合、仲のよい友達ができただけで登校できることもある

子どもの心を理解することが第一

子どもが家に閉じこもり、あまり会話をしなくなると、家族や周囲の人は、本人の考えや悩みを理解できなくなっていきます。

しかし、そこで会話をしないまま、本人の気持ちを想像したり、

「理解」が問題解決の糸口に

子どもの発言や行動を直そうと考えず、まずその裏にある心理を理解しましょう。本人の考えや悩みが理解できれば、なぜ外出できなかったり、コミュニケーションをとれなかったりするのか、わかってきます。

考えを理解

学校や職場に行かないことについて、本人なりの意見がある。外出することに絶対の価値を置かず、本人の考えを聞く。

(32～35ページ参照)

本人から直接聞くのが難しければ、きょうだいや友達から様子を聞く

悩みを理解

昼夜逆転や暴力などの問題には、本人も悩んでいる。やみくもに叱りつけるより、まず理解を。

(38～47ページ参照)

期待を理解

態度には出さないが、家族や友達、先生に期待を抱いている。応援しても無駄だと考えず、期待に応える。

(44～47ページ参照)

目標を理解

周囲からみるとなにもやる気がないようでも、本人は目標をもっている。それを否定せず、支援したい。

(36ページ参照)

周りから声をかけてもらいたがっている子もいる。心配だと伝えることが助けになる

一般論に当てはめたりして一方的にアドバイスをすると、本人の反発を招きます。必要なのは助言ではなく、理解なのです。

保護者としての考えに当てはめない

助言をしよう、本人を立ち直らせようと考えていると、どうしても保護者自身の希望や理想を中心としたアドバイスをしがちです。

直そうという意識はひとまず置いて、本人の悩みを理解しようと考えてください。

本人と話すことができなければ、きょうだいでもかまいません。

ほかの人と相談して、子どもがどんなことに悩んでいるか、少しでもいいから理解するのです。それが子どもと対話することへの一歩になります。

考えていること

勉強や仕事に意味をみいだせない

外出できない原因のひとつに、意欲の低下があります。自分の本当にやりたいことがみつからず、学校や職場に魅力を感じられないのです。

なにを考えている？

本心とずれた生活を我慢している

学校や職場に通っても楽しいことがなく、充実した時間をすごせないと考えて、ひきこもる人がいます。自分が本当にやりたいことはほかにあると考えていたり、勉強や仕事をしても意味がないと思っています。

周りに期待されて受験勉強をしているが、本当はまんが家になりたい

やりたいことがほかにある

口には出さないが、学校の勉強以外に夢をもっている。いずれその分野に進む気がある

なんとなくやる気がしない

具体的な希望や不満はないが、現状をそのまま受け入れることもできず、やる気が低下していく

周りに言われてやっている

家族や教師からの期待を背負って勉強している。じょじょにストレスがたまって不登校に

＝

問題点

我慢したまま時間がすぎてしまう

学校や職場に通わず、別の道に進むこともできないまま暮らしていると、時間だけがすぎていきます。すぐに結論を出す必要はありませんが、周囲に相談したり、進路を考えることははじめましょう。

登校を強要しないで待つ姿勢をみせる

本人が意欲をもてなくて悩んでいるときには、励ましたり登校・出勤をすすめたりせず、しばらく待ちましょう。行きたくないところに無理に行かせようとしても、よい結果は出ません。

学校や職場のメリットを考える

意欲のわかない原因が、勉強や仕事の魅力不足である場合は、学校・職場のよいところを見直してみましょう。自分の希望と一致している点、異なる点がわかって、進路への考え方がはっきりします。

学校

ほかの子と共同生活をすることで、社会性がはぐくまれていく

メリット

登校を続けることで、知らず知らずのうちに人間関係への対応力や、一般常識が身につく。

- 社会性が身につく
- 基礎的な学力がつく

デメリット

嫌悪感を解消できないまま通っていると、ストレスがたまり、つらい記憶が残るようになる。

- ストレスがたまる
- 対人恐怖を感じるように

職場

仕事で成功したり、賞賛されたりすることによって、達成感をえられる

メリット

やりがいのある仕事や仲間をみつけるチャンスができる。充実した人生を送れる。

- 生きがいができる
- 相談相手がみつかる

デメリット

やりたくない仕事を続けると、精神的な負担が大きく、心の病気にかかりやすくなる。

- ストレス過多の生活
- うつ病、不安障害などにかかる

学校や職場にもよいところがあると理解する

考え直して挑戦

自分のやりたいことがみつからないのであれば、勉強や仕事をしばらく続けてみる。それによってみえてくることもある

といっても、ただ待ち続けても時間がすぎていくだけです。基本的には本人がやる気を出すのを待ちつつ、話しかけることも忘れないでください。

学校や職場など、本人が嫌っている対象について、よい面と悪い面を具体的に挙げながら話しあいましょう。学校・職場に通う意義を見直します。よい面が理解できれば、意欲が戻ってきます。

考えていること

目標をもっていないわけではない

不登校・ひきこもりの子どもは、将来になにも考えていないと思われがちですが、そんなことはありません。本人なりに夢や目標をもっています。

突飛な目標でも否定しないで聞く

学校に通わず、アルバイトもしない日々が続くと、家族や教師は本人の将来設計に不満をもち、批判しがちです。しかし、表面上はなにもやっていないようにみえても、本人は心のなかで自分なりの夢を思い描いています。

社会経験が少ないため、非現実的な夢をもつ人が多いのですが、本人にとっては大事な目標です。突飛な話だと言って否定しないで、まず希望を聞いてください。

そして、希望通りの未来を実現することが難しくても、それに少しでも近づけるように、サポートをしましょう。子どもは、努力するための手助けを求めています。

なにを考えている？

本人なりの将来像を描いている

行動を起こさないからといって、夢がないとなじってはいけません。子どもは自分なりに夢や希望をもち、将来像を描いています。実現不可能なことを考えている場合もありますが、本人は本気です。

大学からまじめに

いまがよくないだけで、大学に入ればまじめに通えると信じている。そのため大学受験をする気はある

趣味を仕事に

ゲームやまんがなど、好きなことを仕事にしようと思い、それ以外の勉強は意味がないと考えている

アルバイトをするつもり

なにかアルバイトをしようと思っている。しかしよい仕事がみつからず、不本意な気持ちでいる

パソコンが得意で、それを仕事にしようと夢見ている

目標に近づくようサポートする

どのような内容の目標でも、否定をせずに、まずはサポートをしましょう。そうすることで、子どもは周囲に対して信頼感をもち、人生に前向きにとりくめるようになります。

本人なりの目標

一流のゲーム会社に入り、
自分で企画を立てて有名になるなど、
理想的な目標をもつ子が多い

目標を達成するのが難しく、ひとりでは挫折してしまう

サポートはこんな形でも

- 本人の希望する習いごとに通わせる
- セカンドスクールをすすめる
- 社会経験になるアルバイトを紹介
- パソコンを買い、自分で調べさせる

家族が専門学校をすすめるなど、周囲からのサポートがあれば、目標に近づける

達成可能な目標

まずゲーム関連の専門学校に入る、
ゲーム会社でアルバイトをするなど、
夢に近づく方法を考える

目標に近づくことで世界が広がり、人生に希望がもてる

仕事

アルバイトを通じて、業界の全体像がみえてくる。興味をもてることと出会う

学校

専門学校で関連ジャンルの勉強をしたり、仲間と出会ったりして、視野が広がる

交流

外に出ることで、人脈が広がって交流ができる。人間関係に慣れる

社会性や専門技術が身について、社会に出る自信がついていく

問題点

意見・批判に反発しやすい

目標をもってはいるのですが、それを人に批判されると、感情的に反発します。本人には実現が難しいという自覚がないため、批判をされるのは心外なのです。その気持ちを理解して、応援してくれる人を求めています。

悩んでいること

学校や外に行くことが怖い、落ち着かない

外出することに強い不安や緊張を感じる人は、そのせいで体調を崩すことがあり、それがもとで不登校・ひきこもりになってしまいます。

なにに悩んでいる？

外に出ると心身ともに調子が悪くなる

身体的な要因によって不登校・ひきこもりになる人もいます。外出すると頭痛や腹痛に襲われるため、つらくて家を出られないのです。病気ではないため、周囲の理解をえることが難しく、その誤解も本人の苦しみとなります。

学校に着くと頭が痛くなる
学校生活にストレスを感じている。登校するだけで頭が痛くなってしまう

外出すると、不安でつらい
外に出ると人から非難されたり、失敗するのではないかと不安になる

人と話すと緊張する
対話がうまくできない。緊張してなにも話せず、仲間ができない

外出後、ストレスで神経痛に
がんばって外出できても、その後、体に原因不明の痛みが走る

電車に乗ると腹が痛くなる
家を出ると腹痛に襲われる。電車に乗るのもままならないほど痛む

強いストレスによって神経の働きが乱れ、身体症状が表れる

ひとりで行動することへの不安を克服できない

不登校・ひきこもりに悩む本人になにがつらいのか話を聞くと、「なんとなく不安や恐怖を感じて外出できない」と返答されることがあります。外出すると不安になり、ドキドキしたり、体調が悪くなったりするのです。

不安や恐怖の対象が本人にしかわからないため、周囲は対応に困ります。しかし、本人も自覚がない場合があり、問いつめても必ずしも答えは出てきません。

無理して答えを探さず、相談を繰り返すなかで、理解を深めていきましょう。本人の性格や年齢などを参考にして問題点を探り、その対策をとっていきます。

原因によって対応が異なる

社会に対する不安にも、さまざまな種類があります。家族から離れる不安と、勉強が苦手なために感じる不安では、対応の方法が異なります。不安・恐怖の対象を知ることが必要です。

分離不安タイプ

家族、とくに母から離れることを恐れる。幼児期、小学校時代に多い。家族といっしょなら外出できる。

●成長とともに不安がやわらぐ

対人恐怖タイプ

挫折を経験して、人間関係に恐怖を感じるようになる。自分の能力に不安をもっている。

●経験をつんで自信をつける

心身症タイプ

プレッシャーの多い生活をしていて、気が休まらない。失敗への不安・恐怖で精神的に落ちこんでいる。

●ストレスのもとを改善する

10歳

20歳

30歳

年齢によって、不安を感じやすい対象は異なる。子どもは家族から離れることへの不安が強い

問題点

社会性をはぐくむチャンスを逃がす

社会を恐れて閉じこもっていると、外出することや人と話すことが、ますます苦手になっていきます。しかし本人はそこまで考える余裕がなく、不安や緊張をさけることで精一杯です。

モラトリアムタイプ

自分とはなにか、人生とはなにかに悩み、社会全体や将来に対して漠然とした不安を抱いている。

●目標ができると落ち着く

人生の行く末に不安を感じ、難解な本を読みふけって答えを探す時期もある

悩んでいること

自分がわからなくなり、被害妄想に悩む

不登校・ひきこもりの子どもは、自分には力がない、友達はみんな自分を嫌っているなどと、悲観的な意識をもつようになりがちです。

まじめに話しあっても話が通じない

自分を嫌って人生を悲観し、学校にも社会にも参加しようとしない子どももがいます。保護者や友達がどんなに勇気づけても、話を聞きません。被害妄想をつのらせて、ひとりで悲しんでいます。

そのようにネガティブな子の被害者意識をやわらげるためには、根気よく励ますことが大切です。どうせ話を聞かないからと言って、見捨てないでください。

たとえ好意を悪くとられても、めげずに共感や誠意を示し続けてください。そうすることで信頼関係が築ければ、悩みの相談にのったり、アドバイスしたりできるようになります。

なにに悩んでいる？

自分のことを信じられず、ひきこもる

自分はだめな人間だ、友達にも嫌われ、家族にも信じてもらえないなどと、被害者意識を強くもっています。また、人生の意味をみいだせなかったり、夢や希望をもてないと思いこんでいたりします。

人生の意義がわからない
趣味や生きがいがなく、これからの人生に希望を抱けない。生きる気力がない

自分の夢がわからない
将来の夢がない。自分はどんなにがんばっても、なにもできないと思っている

学校に行く意味がわからない
勉強にもスポーツにも興味がなく、学校に行ってもなにも学べないと考えている

友達の気持ちがわからない
友達に嫌われていると思いこむ。どうしたら好かれるか、わからない

問題点

妄想をつのらせると事件・事故につながる

少しネガティブになっている程度なら、周囲が相談にのったり、勉強やスポーツで成功を経験したりすることで、意識が改善していきます。しかし、周囲が放っておくと、妄想をつのらせて衝動的に行動する可能性があります。

隣人が聞き耳を立てている、友達が自分を嫌っている、などと被害者意識を訴える

根気よく話を聞き、答えを探す

被害者意識をやわらげるには、周りの人が本人の主張や悩みをよく聞いて、安心感をもたせることが必要です。また、心の病気によって妄想を抱くようになる場合もあるため、それにも注意しておくことが大切です。

まず話を聞く

極端な話や妄想のように思えることでも、おかしいと言わず、まず主張を丁寧に聞く

共感し、話しあう

本人の考え方を認めて共感する。そのうえで、事実とあっているかどうか、話しあっていく

変化がみられる

話しあうことで本人の気持ちが楽になり、被害者意識が薄れたり、考え方が変わったりする

そのまま対話を続ける。妄想に陥らないよう、事実にもとづいた話をする。説得にならないよう、本人の意志を尊重する。

反発する

話しあいを説得だと感じて、反発する場合もある。そのままだと、妄想がより強くなる

乱暴な言葉で反発されても、感情的にやり返さないで、話を聞く。暴力をふるおうとした場合は、危険なのでとめる。

話が通じない

自分は体臭が強くて嫌われている、自分の気持ちは人にもれているなど、主張が一方的で話ができない

身体的な認知の偏り、心理面が人にもれているという意識は、心の病気との関連が深い。医療機関の受診を考える。

妄想に関連する病気・障害

統合失調症やうつ病などの精神疾患にかかっていると、被害妄想を抱きやすくなる。また、パーソナリティ障害でも同様の症状がみられる。精神疾患の場合は治療が必要なので、早めに受診を。

悩んでいること

昼夜逆転の生活から抜けられない

生活面の問題でもっとも多いのが、昼夜が逆転してしまうこと。夜遅くまでテレビをみて、昼間はずっと寝ている生活が続き、習慣になっていきます。

なにに悩んでいる？

人が活動している時間帯は気分がふさいでつらい

自分の部屋にこもって好きなことをしているうちに、生活リズムが崩れてしまった状態です。本人も悩んではいますが、昼間に家族と顔をあわせるのがつらいという意識もあり、なかなかリズムを変えられません。

よくないとはわかっている

昼夜逆転の生活を直さなくてはいけないという意識はあるが、自分では直せない

夜は誰にもとがめられない

夜中は家族と顔をあわせなくてすむため、小言を言われず、精神的に楽になる

なんとなく起きている

昼間も夜もやりたいことがなく、時間に追われないため、理由なく起きている

家族といっしょに食事をすることが、改善のための第一歩になる

食事で改善

昼夜逆転になると、朝昼晩の食事のリズムも乱れてくる。食事をもとに戻すことによって、生活全体のリズムも改善していく。

家族が起きるころに眠る

家族が出勤・登校のために起きはじめると、テレビやゲームを切り、眠る

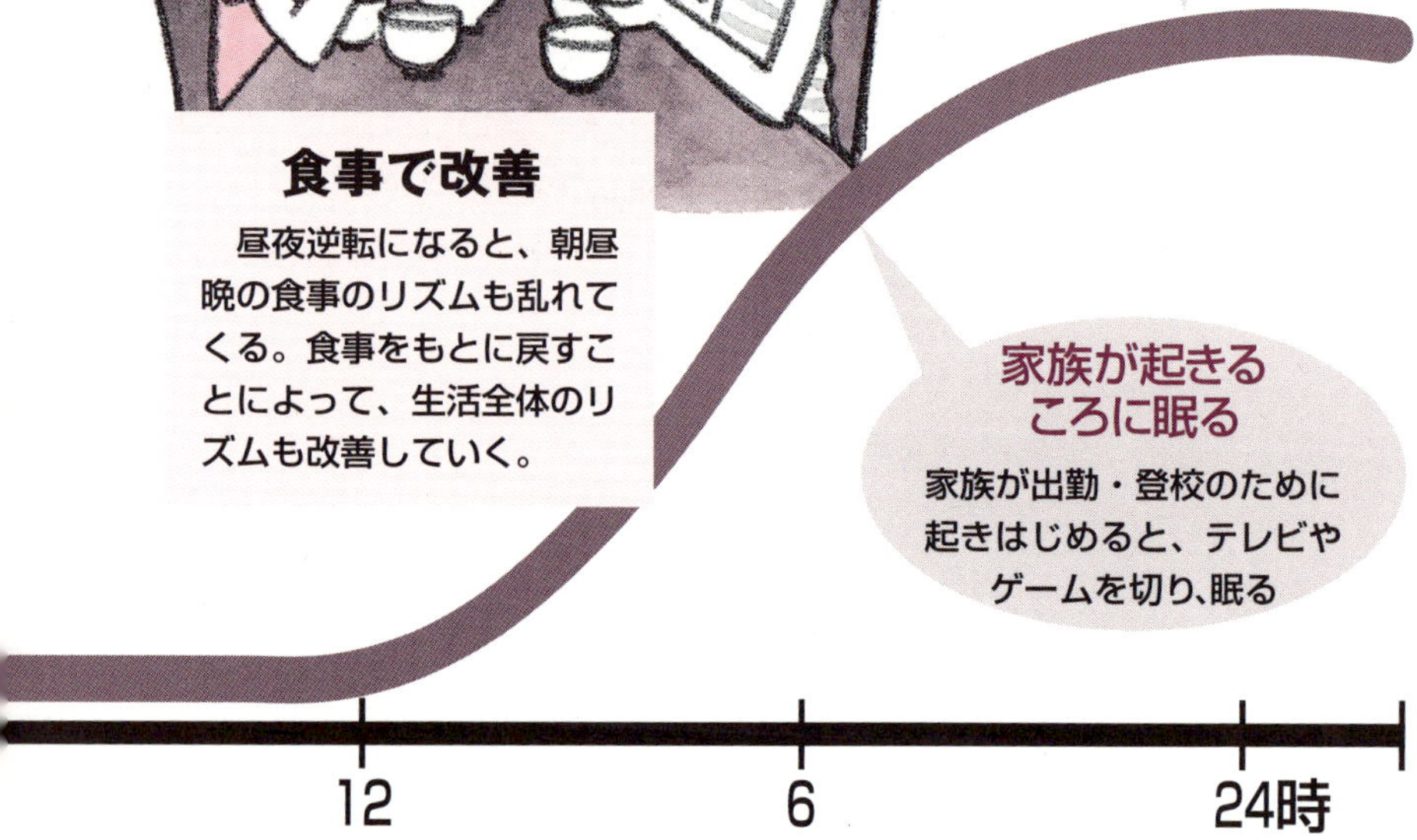
12
6
24時

小学生は一日で回復することもある

昼夜逆転は、ひきこもりの人に多い現象です。不登校児では少なく、あったとしても、家族の働きかけや学習環境の変化によって、十分に改善が期待できます。登校することによって、一日で完全に改善する子もいます。

問題は、ひきこもりの長期化によって生活が乱れている人です。昼夜逆転は生活リズムを崩すだけでなく、人間関係や社会的な地位をも崩していきます。あとになって気持ちを入れ替えても、すぐには生活が戻りません。

生活が乱れ、心がふさぐという悪循環を断つために、少しでも早く、生活だけでも健康的なリズムに戻しましょう。

問題点

生活リズムが乱れ、外出できなくなる

昼夜逆転生活が続けば続くほど、不登校・ひきこもりからの脱却は難しくなっていきます。生活リズムを直しても、身体的・心理的な偏りはなかなか直りません。できるかぎり早く対応をはじめましょう。

生活リズム改善のきっかけをつくる

朝に起きて夜に眠る生活をとり戻すためには、乱れたリズムを調整していくことが必要です。食事をいっしょにとるよう提案したり、ほんの少しでも外出できるようにサポートをして、生活面と意識を少しずつ変えていきます。

約束で改善

翌日になにか約束をしておけば、そのために少し早く寝ようという意識が生じる。外出しない用事でもかまわない。意識が変われば きっかけになる。

外出で改善

近所の自動販売機で飲み物を買うだけでもいいので、昼間に外出する。昼間に活動する習慣に少しずつ戻していく。

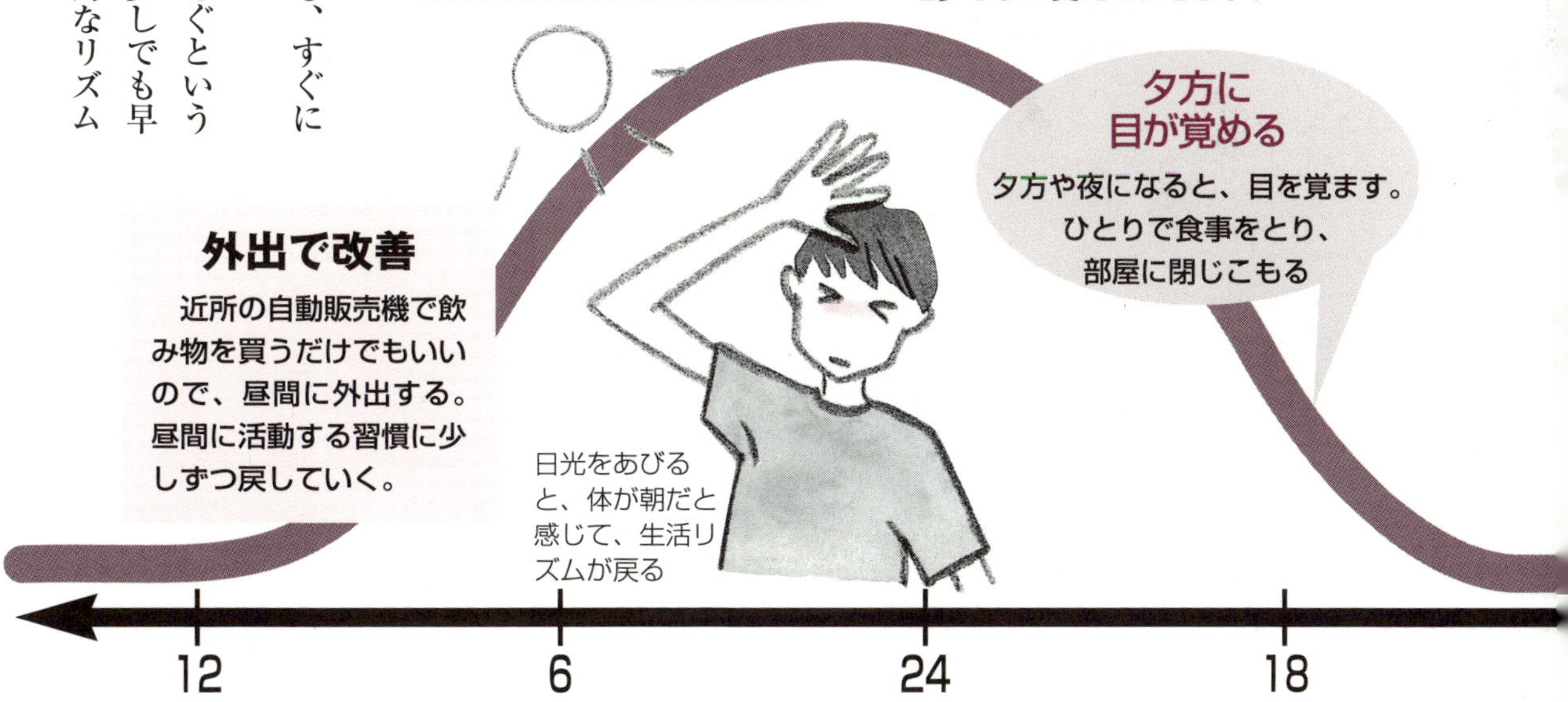
夕方に目が覚める
夕方や夜になると、目を覚ます。ひとりで食事をとり、部屋に閉じこもる
日光をあびると、体が朝だと感じて、生活リズムが戻る
12
6
24
18

悩んでいること

暴力や自傷行為を自分でもとめられない

不登校・ひきこもりへの対応は、基本的に長い目でみておこなっていきます。ただし、暴力と自傷行為は例外です。急を要する場合もあるので、注意してください。

なにに悩んでいる？

不満を誰にもわかってもらえない

暴力や自傷行為は、なにかを傷つけたくてやっているわけではありません。いらだちや不満、焦燥感をどう処理していいかわからず、混乱して手が出てしまうのです。暴力以外の方法で表現することを教えなければいけません。

強い焦燥感がある

学校や職場に満足できないなど、人生に対する絶望、焦燥感があり、いらいらしている

悪いとは思っている

自傷行為で心配をかけるのも、暴力で迷惑をかけるのも、悪いことだとはわかっている

問題点

大きな事故になると、とり返しがつかない

最大の問題点は、暴力や自傷行為は命に関わるということです。人に後遺症が残る怪我をさせてしまったり、本当に自殺をしてしまったりしたら、とり返しがつきません。それを防ぐことを最優先します。

部屋の中で大声をあげることも、いらだちからくる衝動的な行動のひとつ

自分の部屋にある家具を壊すのはなぜ？

子どもが八つ当たりの対象として家具を選ぶのは、家具が反撃してこない、弱いものだからです。なかでも自分の家具を壊すのは、壊しても自分以外に迷惑がかからず、誰にも怒られないことがわかっているからでしょう。

暴力は多くの場合、自分より弱いものに向けられます。最初は家具や道具、次にきょうだいや母親という順です。その間、誰の反発も受けないでいると、さらにエスカレートして、父親や第三者に暴力をふるう場合もあります。

いらだちを家具や道具にぶつけはじめたら、反抗期だ、八つ当たりだと考えて放っておかず、暴力はいけないことだと、はっきりと否定しましょう。

わかってほしいという主張もこめられている

子どもが暴力や自傷行為などのはげしい行動をとるのは、基本的には不満やいらだちの表れですが、それに加えて、苦しみのアピールという側面もあります。

つらい気持ちや悩みごとを周囲にうまく伝えることができず、うっ屈を爆発させて、ものや人に八つ当たりをするのです。叩いたり暴言を吐いたりしながら、誰かが苦しみに気づいてくれたら、とも思っています。

保護者や教師は、暴力を受け入れずに、はっきりと拒否することが大事です。そして、なぜ危ないことをするのか、その根底にあるいらだちや苦しみについて、本人の気持ちを聞くことも、同じように大切なことです。

行為のはげしさにあわせた対応を

家族と本人との対話で解決していくのが理想ですが、それだけではなかなか改善できません。場合によっては、親戚や教師など第三者をまじえたり、危険を回避するために家をあけたりすることも考慮します。

ふすまを蹴破るなど、ものに八つ当たりすることからはじまる場合が多い

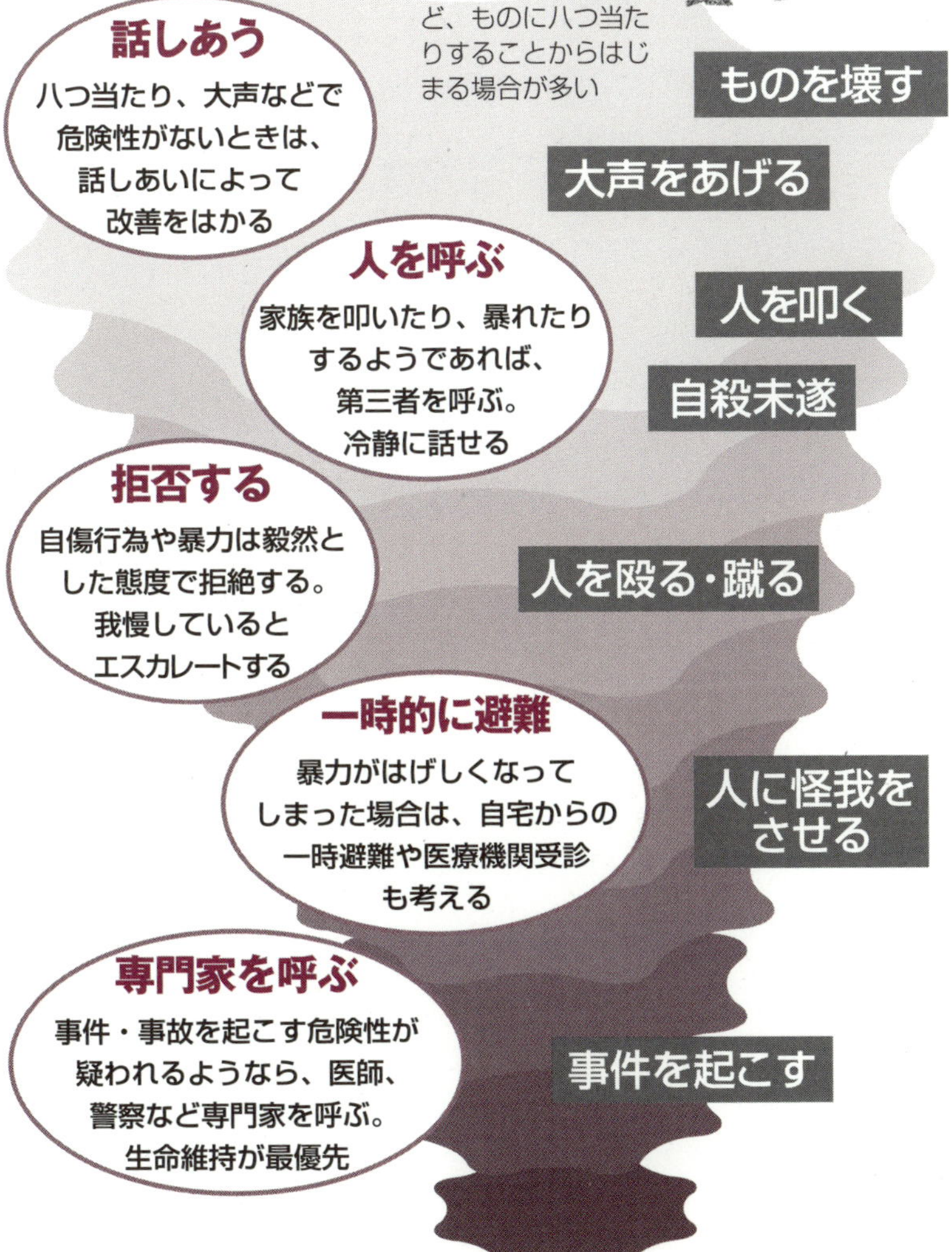

ものを壊す
大声をあげる
人を叩く
自殺未遂
人を殴る・蹴る
人に怪我をさせる
事件を起こす
話しあう
八つ当たり、大声などで危険性がないときは、話しあいによって改善をはかる
人を呼ぶ
家族を叩いたり、暴れたりするようであれば、第三者を呼ぶ。冷静に話せる
拒否する
自傷行為や暴力は毅然とした態度で拒絶する。我慢しているとエスカレートする
一時的に避難
暴力がはげしくなってしまった場合は、自宅からの一時避難や医療機関受診も考える
専門家を呼ぶ
事件・事故を起こす危険性が疑われるようなら、医師、警察など専門家を呼ぶ。生命維持が最優先

悩んでいること

父の協力がないと、母子が依存しあう関係に

母親だけが子育てをがんばり、父親が子どもに関心を示さない家庭では、母子の依存が不登校・ひきこもりを長期化させる要因のひとつになります。

なにに悩んでいる？

社会に対して強い不安・恐怖を感じている

外出することへの不安や恐怖を、母に甘えることで解消しています。母もそれを受け入れれば子どもが楽になると考えて、お互いに頼りあう「共依存」の関係になりがちです。

つらい感情をすべて母に対して吐き出し、母だけを頼る

母に甘えて依存する
話を聞いてくれる人に依存する。父やきょうだい、教師などの場合も

あせりや怒りを家族へ
感情をすべて家族にぶつける。ほかの人とコミュニケーションがとれない

精神的に不安定
不安や恐怖が強く、精神的に落ち着かない。支えを求めている

問題点

改善が遅れると、暴力にむすびつくことも

依存関係は、対処しないとじょじょに深まっていきます。相手がいないとなにもできないようになり、社会恐怖が悪化したり、相手に無理を言って暴力をふるうなど、問題のある行動をとるようになってしまいます。

母に依存して「子ども返り」する

家に閉じこもっていると、家族以外の人と接する機会が極端に少なくなります。教師や友達と話すことがなくなり、ほとんどの会話を家族と交わします。そうしてい

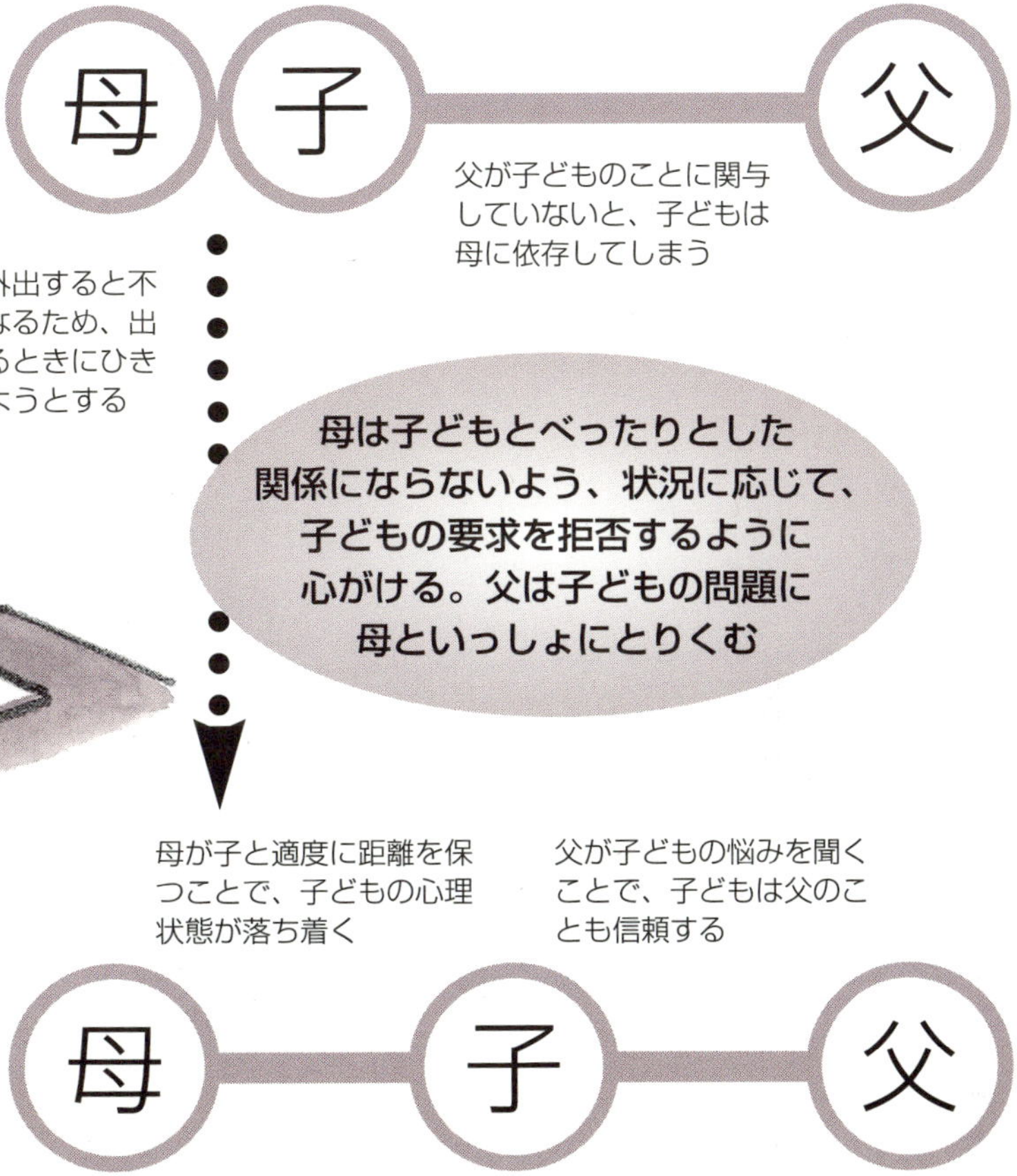
母
子
父
父が子どものことに関与していないと、子どもは母に依存してしまう
母が外出すると不安になるため、出かけるときにひき止めようとする
母は子どもとべったりとした関係にならないよう、状況に応じて、子どもの要求を拒否するように心がける。父は子どもの問題に母といっしょにとりくむ
母が子と適度に距離を保つことで、子どもの心理状態が落ち着く
父が子どもの悩みを聞くことで、子どもは父のことも信頼する
母
子
父

空間的・時間的に距離をとる

　子どもとの間に距離をとることで、依存関係が解消されていきます。ただ離れたのでは子どもが傷つくため、母が距離をとると同時に、父やほかの家族が子どもと関わりをもつようにしましょう。

反発させずに離れる方法

　依存状態から距離をとるのは簡単なことではない。子どもが強く反発する場合もある。すぐに離れるのではなく、じょじょに関係を変えていくようにする。

- ●外出を増やし、離れている時間を長くする
- ●話をいつまでも聞かず、途中で家事などにかかる
- ●スキンシップをなくす。甘えあわないようにする
- ●母自身も子の世話に依存しないように注意する

るうちに、保護者やきょうだいに依存していくことがあります。

　なかでも母に依存する子がとくに多く、母といっしょにいられる安心感が、子どもをますます家に閉じこもらせてしまいます。

　子どもは母に甘え切って幼児性を強めていきます。それを「子ども返り」と呼びます。母子二人で世界が完結しないよう、第三者が介入していく必要があります。

これで変わった！　実例集②

カウンセリングで昼夜逆転から立ち直った

不登校・ひきこもりで問題となる行動のうち、生活上もっとも困ることのひとつが、昼夜逆転現象です。これは、放っておいて改善することではありません。なんらかの対応をとる必要があります。

中学3年生のBくん。小学校の頃はよくできる子どもだと言われ、とくに問題がなかったが、中学1年生のとき、不登校になった。

原因・きっかけ　本人も周囲も、とくに原因が思い当たらない。しいて挙げれば、バスケット部の練習が厳しかったこと

症状・経過　中学1年生のとき、学校になじめず登校できなくなった。その後すぐに昼夜逆転生活になった

対応・改善

中学に入ったら登校できなくなった

とくに大きな問題やケンカに巻きこまれることなく小学校を卒業し、中学校に入学したBくん。順調に育った子どもです。

中学ではバスケット部に所属して、元気に練習をしていました。しかし、夏を迎える前から学校に居心地の悪さを感じはじめ、すぐに登校できなくなってしまいました。はっきりとした理由がなく、本人も家族も困りはてました。

昼夜逆転が三ヵ月続き、カウンセリングへ

学校に行かなくなると、だらだらと夜更かしする生活になり、昼夜が逆転してしまいました。家族は心配して彼を励ましましたが、状況は変わりません。生活が乱れたまま、三ヵ月がすぎました。

三ヵ月たった時点で、家族がそのままではいけないと考え、クリニックを受診。Bくんは当初、カウンセリングに対して半信半疑でした。しかし毎週一回、カウンセラーのもとを必ず訪れました。

心理療法の効果で自ら登校を希望

その後、週に一度のカウンセリングを半年続けた結果、Bくんの心になんらかの変化が起きました。二年生の新学期を迎える前日に、登校への意欲を口にしたのです。カウンセラーに翌日から学校に行くと告げ、本当に登校しました。

カウンセリング中のどんな言葉が彼を刺激したのか定かではありませんが、心理療法が子どもの可能性をひき出した例だといえるでしょう。

3
八方塞がりの家族へのアドバイス

閉じこもっている子を心配するあまり、
ひとりでがんばりすぎてしまう人がいます。
子どもを思う心はもちろん大切ですが、
保護者の力には限界があります。
人に相談したり、頼ることも考えましょう。

家族の姿勢

家族の力には限界があることを理解する

家族へのアドバイスでまず第一に伝えたいことは「がんばりすぎないで」ということです。
周りに協力してもらうのは、悪いことではありません。

自分たちの力で解決しようと考えない

子どもが悩んでいることに責任を感じて、自分たちの力で改善しようと考える保護者がいます。子どもをサポートするのは大切なことです。保護者が熱心に気にかけていれば、子どもはおおいに勇気づけられるでしょう。

ただし、家族だけで努力するのは得策ではありません。家族ばかりあせっても、家族関係がよくなるだけで、社会との接点は広がっていかないからです。

家族ががんばるのはもちろんですが、ほかの人にもがんばってもらいましょう。教師、医療機関、友達などに協力してもらい、みんなで子どもの人生を支援します。

家族だけでがんばると孤立する

家族は子どもの支えとなり、理解者となる必要があります。しかし、がんばりすぎると子どもの依存を招き、社会からの孤立につながって、事態を悪化させてしまいます。

自分たちの育て方に責任を感じて、人を頼らず、一対一で説得しようとする
家族だけでがんばっていると、世間との溝が広がってしまう

孤立 友達や学校の先生、同僚、医師らとコミュニケーションをとらないと、家族だけで問題を抱えこんでしまう

依存 なんでも許して受け入れていると、家族関係に依存しがち。適度な距離をとって接する必要がある

閉塞 いつも一対一で話していると、問題もずっと平行線に。ほかの人の考えを聞くことで、状況が変わることも

人の協力をえてみんなでがんばる

家族は子どもを支えるのと同時に、子どもが社会と接点をもてるように、周囲の人との連携を深めましょう。たくさんの人に関わってもらうことで、多方面から解決策をはかることができます。

不登校であれば、担任の教師と連絡をとりあい、いつでも学校に復帰できる状況をととのえておく

家族

家族は周囲の人に事情を説明したり、対応策を相談したりする。子どもの支援態勢をととのえる。

友達

仲のよい友達ができると、状況が一気に改善する場合も。小中学生の場合、年上の人と遊ぶのもいい。

医療機関

身体症状があったり、思考・言動の偏りが強い場合は、医療機関に相談して心身の状態を確かめる。

公的機関

保健所や精神保健福祉センターでは、無料で相談ができたり、関係機関を紹介してもらえたりする。

民間団体

不登校・ひきこもり対応の専門家がいる。まず民間団体を訪れ、学校や医療機関への関わり方を相談するのもいい。

学校

●担任教諭……面談や家庭訪問を通じて現状を連絡しあい、問題の長期化を防ぐ。
●養護教諭……体調不良や精神的に不安定な面のサポートを願い出る。担任との連携も求める。
●カウンセラー……必要であれば、学校生活についての相談をもちかける。

本人

理解者が増えれば、子どもの安心感も増す

友達や学校関係者への相談に抵抗を感じる場合は、まず医療機関や民間団体だけでもかまわない。関わる人を少しでも増やすことをめざす

家族の姿勢

登校したがらない子には、どう話しかける？

子どもが学校や職場など、外に行きたがらないときには、放っておかないで、なにか話しかけましょう。なにごとも強要しないことがポイントです。

質問・疑問は子どもを傷つける

保護者としていちばん気になるのは「なぜ外出を拒むのか」ということでしょう。しかし原因については、子ども自身も理解できず、混乱しています。問いただすような話し方は、さけてください。

人によってこれらの言葉で立ち直る場合もあるが、基本的にはさけたい言い方

どうして行けないんだ！

本人もわからず、知りたいと思っている。原因を探すとつらくなる

このままでは不安だ

不安なのは本人も同じ。不安を訴えられると外出への意欲が薄れる

根性がたりない！

根性論では解決しない。本人もがんばりたいとは思っている

本当に頭が痛いのか

身体症状は仮病ではない。疑われると、ストレスや反発心が強まる

とにかく今日だけがんばろう

強要して1日だけがんばっても、翌日からもっとつらくなる

頭が痛いときに叱られると、頭痛がますますひどくなる

結論をあせらず、まず共感する

「がんばりすぎないで」というメッセージとともに、もうひとつ家族向けにアドバイスしたいのが、「あせらないで」ということ。一秒でも早く状況を改善しようと必死になってしまう保護者が、少なくありません。

対策をとるのが早ければ、改善も期待できます。そう考えてがんばるのも当然でしょう。しかし、あせりは禁物です。

保護者があせって子どもへの質問や激励を繰り返すと、そのあせりが本人へのプレッシャーとなり、本人を追いつめる結果となります。あせらず強要せず、本人のペースにあわせる姿勢が必要です。

話し方の参考になる8つのアイデア

子どもを救う話し方に、正解はありません。一人ひとり性格も環境も違いますから、必要な話も異なります。ここでは、話し方の参考になるポイントを紹介します。

子どもの言葉を疑うのではなく、まず体を気づかって、体調を確かめる

1 結論を急がない

どんな対策をとるか、すぐに決めなくていい。本人も保護者もあせらないことが大事。

●人生を長い目でみる

2 子どもを肯定する

外出できないことを否定しない。まず受け入れて、それから問題を考えていく。

●怒らずに話を聞く

3 体調をたずねる

ストレス性の体調不良は、周囲からはわかりにくいが、本人の苦しさを理解したい。

●熱をはかる、1日休ませる

4 学校にこだわらない

登校すること、卒業することに執着せず、本人がほかの道を希望したら検討する。

●学校以外の進路を真剣に考える

5 周りの人とくらべない

友達やきょうだいとくらべてせかさない。本人のペースを尊重する。

●できる範囲で目標を立てる

育て方を悔やんでも解決しない。自分を責めず、これからのことを考える

6 子どもに共感する

本人の悩みや苦しみに対して、言葉で共感を示す。悩みの存在を認める。

●どんな悩みがあるか聞く

7 子も自分も責めない

責任が誰にあるか、考えたり悩んだりしない。責任の所在を求めても意味がない。

●責任を誰にも問わない

8 保護者の希望は伝える

いつか学校や職場に行ってほしいことは伝える。急がないと告げておく。

●期待や心配を隠す必要はない

家族の姿勢

家族みんなが生き生きとすることが大切

子どものことばかりを考えていると、保護者も子どもの世話に依存してしまいがちです。自分自身の生活を大切にすることも、忘れないでください。

子どもは保護者の姿をみている

不登校・ひきこもりになるのは、保護者だけの責任ではありません。しかし、子どもが保護者の姿をみていることは事実です。保護者がよい暮らし方をしていれば、子どもの気持ちも変わるものです。

いつも退屈そうな親

仕事や家事への愚痴、不満を口にすることが多いと、子どもも社会に対して悲観的になる。人生が退屈だと思わせないようにする。

- ●学校や職場の文句を言う
- ●将来に希望がないと言う

将来への希望をもてなくなる。人に文句を言うことを当然だと思う

楽しく暮らしている親

不登校・ひきこもりの問題にとりくみながら、自分の生活も大事にしている。仕事や趣味の楽しさを子どもにも伝える。

- ●趣味をもっている
- ●仕事をきちんとこなしている

両親の姿をみて、自分もがんばろうと考える。仕事に期待をもつ
人生がよいものだということをみせられれば、子どもの気持ちも少し前向きになる
きょうだいのようになりたいと思う。夢や目標をもつことができる

勉強・部活をがんばるきょうだい

きょうだいが学校で楽しく暮らしていれば、それをみて希望をもてる。反発してかえって傷つくこともあるので、保護者がフォローする。

- ●勉強・部活の楽しさを話す
- ●本人の気持ちを気づかう

子どものために人生を犠牲にするのは間違い

不登校・ひきこもりが、家族の一大事となってしまうことがあります。ほかのきょうだいへの話しかけが減ったり、保護者自身の生活がおろそかになったりして、家庭のバランスが崩れます。

簡単にとりくめる問題ではないため、家族の暮らしが変わるのはやむをえません。しかし、保護者が不登校・ひきこもりに振り回されるのは、よくない状態です。

充実した姿をみせればそれが励ましに

家族の誰かがひとりで問題ととりくむのではなく、みんなが少しずつ意識しましょう。一人ひとりの負担が減ります。また、保護者自身が人生を楽しんでいれば、その明るさが子どもに影響して、いい励ましになります。

子どもも、特定の人を頼らず、自立して充実した人生を送ろうと考えられるようになります。

家族それぞれに役割がある

家族全員からの支えをえられれば、不登校・ひきこもり状態からの改善が早くなります。誰かひとりが気をつかうのではなく、みんなで少しずつサポートをしましょう。

兄・姉
本人の面倒をみるのはいいが、関わりすぎないようにする。本人がリラックスできるよう、家庭環境をととのえることが大切

両親
家族に本人のことを伝え、本人にも家族が心配していることを伝える。家庭内でケンカや依存が起きないよう、注意する

食事をともにするのなら、不登校・ひきこもりの状態を非難したり、批判したりしない

祖父母
本人や家族とコミュニケーションをとる機会が少ないと、厳しいことを言いがち。安易に批判しないよう、事情を説明する

弟・妹
本人をからかったり、刺激したりしないよう、保護者から言い聞かせる。感情的になってケンカをしないように注意が必要

家族の姿勢

まず保護者がカウンセリングを受けてみる

本人と相談することが難しければ、まず家族が医師やカウンセラーのもとを訪れてみましょう。それによって、家庭内の問題点に気づく場合もあります。

保護者が話すことに意味がある

不登校・ひきこもりの問題に対して家族が起こせる行動として、医療機関の受診があります。子どもに受診をすすめるのもひとつの方法であり、家族だけでひとまず受診するというのも、選択肢のひとつです。

家族だけで医師に会っても仕方がないと考える人もいますが、そうではありません。「家族療法」といって、家族がカウンセリングを受けて、家族関係の問題点を解消する治療法があります。

本人が外出できない不登校・ひきこもりの治療では、この家族療法が比較的よくおこなわれています。家族が行動を起こすことで、本人も改善に向けて努力しはじめるという好影響も期待できます。

「家族療法」を受ける

家族が医師やカウンセラーと相談して、しつけや生活習慣の問題点を理解し、改善していくことを「家族療法」といいます。

家族療法

家族を対象とする心理療法。家族が変わることで、間接的に本人の意識も変わる。

保護者が専門家の話を聞き、子どもとの接し方を変えるだけでも、状況は変わる

心理療法

面談を通して、心理面の問題を見直していく治療法。家族自身が偏った考え方になっている場合には、それを直す必要がある。

保護者が問題解決のためにがんばっている姿をみせることも、子どもにとって励みになる

生活指導

昼夜逆転や食習慣の偏りなど、生活面の問題点を理解して、その改善方法を考えていく。

まず医療機関に電話をして、家族だけでも受診できるか確認する

カウンセリングの基本的な流れ

家族療法は、医療機関を一度訪れて完了する治療法ではありません。相談や指導の結果を確認して、治療方針を調整しながら続けていきます。

医療機関を探す

家族療法をおこなっている医療機関は、一部にかぎられる。訪れる前に問いあわせを

状況を説明

本人がどのような状態にあるか、家族は日頃どのような接し方をしているか、説明する

経過を報告

カウンセリングを受け、生活を変えることで、本人にどのような影響が出たか、報告する

本人とも相談

状況が改善して、心理療法や生活指導に本人が興味をもつようなら、くわしく相談する

受診を強要すると、反発を招く。資料をみせるなど、提案するだけでいい

保護者が通うだけでよくなる場合もある？

保護者が家族療法を受けることで、子どもと接する態度や考え方が変わり、それによって子どもの気持ちに変化が出て、状況が改善することはあります。ただし、結果が出ない家族もいます。

家族療法だけでよくなると最初から決めつけて受診するのはやめましょう。期待通りの効果がえられないこともあるのです。

本人が受診を考えていない場合で、なおかつ家族の考え方に問題がある場合に、家族療法が効果的です。けっして万能の治療法ではないことを理解してください。

関係者の姿勢

強い励ましは、かえって萎縮《いしゅく》させてしまう

不登校・ひきこもりへの対応は、あせらないことが肝心です。叱咤激励して一気に立ち直らせようとすると、本人はますます萎縮してしまいます。

励まし方とタイミングが肝心

立ち直りだけを目的とした激励は、本人のペースを乱して、反発を招きがちです。周囲の期待を伝えるだけの言葉は、子どもの心には届かないのです。本人の希望をよく理解して、それにそった励まし方を心がけましょう。

「もっとよくなろう」「がんばろう」と、いつも先をみて励ます人がいますが、それは急ぎすぎです。先ばかりみないで、現在の子どもをみてください。

「外出できてよかった」「無理をしないで」と、子どものがんばりを認めるような励まし方が、理想的です。まず、子どもの気持ちを承認して、受け入れるのです。

励ましが本人にとっては苦しみに

励まし方の失敗で多いのが、子どもに「もっと」を要求することです。子どもが回復の兆《きざ》しをみせたときに「その調子でがんばれ！」と、より一層の努力を求めると、それは本人にとって重荷になります。

だいぶよくなってきたな。そろそろ学校に行けるんじゃないか
ちょうどいい機会だ。進路のことを真剣に考えよう
どこも悪くないじゃないか。甘えていないできちんとしなさい
せっかく話す気になったのに、やっぱりわかってもらえない
自分だってちゃんと考えているのに、なぜ信じてくれないんだ
甘えているわけじゃない。こんなにつらいのに、小言ばかり言う

せっかく家族といっしょに食事をとろうと思ったのに、強く叱られたら、またひきこもってしまう

ただひっこみ思案なだけの子どもの場合、激励することが登校につながる。背中を押してあげよう

本人の気持ちにそった励まし方を

励ますこと自体は、悪いことではありません。本人の様子をみたり、話しあったりして気持ちを理解し、期待過剰にならないように声をかけましょう。

本人の気持ちがどれくらい外を向いているのか、理解することがポイントになる

一時的な社会不安

軽い不安や恐怖感であれば、悩みを聞いて、解決策を提案することで改善する。積極的な励ましが有効

不登校

小中学生の不登校は、励ますことで改善する場合もある。不安を解消できるように、学校のよい面を伝えて励ます

ひきこもり

閉じこもる原因を自覚できていない人が多く、励ましても心に届かない可能性がある。あせらず、まず様子をみる

長期的なひきこもり

本人も改善したいができない状況。励ましが逆効果になりやすい。現状を受け入れて、声をかけることからはじめる

メリットを伝えて励ます

不安や恐怖を感じて外に出たくないと考えている子には、悩みを解消するような励まし方をする。メリットを伝えることが、外出への意欲につながる。

- 学校のよいところを説明
- 悩みを解消する考え方を示す

まずは共感と安心感を示す

コミュニケーションがうまくとれない状況では、いきなり励ますのは逆効果になる。まず悩みや不安に共感し、安心できる関係を築くことからはじめる。

- 登校、外出をせかさない
- じっくり考えようと励ます

言いたいことがあっても、子どもが聞く態勢でなければ、ぐっとこらえることも大切

関係者の姿勢

教師は家庭訪問をするとき、どう話すべきか

学校関係者には、家族とは異なる役割があります。教師の役割は、不登校・ひきこもりの子と学校との接点が途切れないよう、こまめに連絡をとることです。

教師の役割はつながりの維持

不登校・ひきこもりからの脱却が難しいのは、一度閉じこもると社会との接点が途切れてしまうからです。学校関係者が家族との連携を深めれば、接点を保てます。

担任教師
学校側の中心となる。家族や校内のスタッフ、校外の専門家と連絡をとりあい、状況改善への可能性を探る

教師と専門家は、学校生活での問題点を確認しあう

専門家
家族、担任教師からの相談を受けて、指示を出す。学校での受け入れ態勢などにアドバイスをおこなう

教師と家族は、連絡をとりあって状況を報告しあう

教師と学校は、不登校の子が安心して通える態勢を築く

家族
学校とのつながりが切れないよう、担任教師との連絡を密にする。医師やカウンセラーなど専門家にも相談

学校
担任教師を中心にネットワークをつくり、保健室や相談室などで子どもの悩みをサポートする

担任の教諭ひとりでは対応しきれない。養護教諭、スクールカウンセラー、学年主任なども相談に加わる

職場の関係者の役割は?

同僚の役割も、基本的には教師と同じです。職場と本人とのつながりを残して、復帰しやすい環境をととのえることです。
ただし、社会人の場合、周りの人にも余裕がありません。ひきこもり状態になった場合、あまり協力を期待できないのが現実です。

もっとも大切なのは家族をあせらせないこと

不登校の子どもに対して教師ができることというと、家庭訪問や保護者面談、本人との面談などが挙げられます。

本人と話すことは難しく、保護者との面談で状況を把握していくのが、基本的な姿勢となるでしょう。そのときに大切なのは、家族をあせらせないこと。すぐに登校できなくても、心配はいらないのだと伝えてください。

学校が待っていることを丁寧に伝える

教師が勉強の遅れを指摘して保護者をせかすと、それが子どもに伝わって、より登校しにくい心境に追いこんでしまいます。

登校につながるようなアドバイスができれば理想ですが、なかなかそうはいきません。刺激することより、受け入れ態勢を築き、それを伝えることを優先しましょう。待っているのだということが伝われば、それで十分です。

説得する必要はない

教師の役割は重要ですが、あまり強く働きかけると、子どもにプレッシャーを与えかねません。基本的には待つ姿勢でいましょう。

○

待つ
待っているからいつ登校しても学校としては大丈夫だと伝える

受け入れる
受け入れ態勢を説明して、家族の不安をとりのぞく

保護者だけでも会う
保護者とだけでも、顔をあわせて話をする

関係機関を紹介する
すぐに登校するのが難しければ、相談機関やカウンセラーなどを紹介する

×

説得する
説得は結論を急がせることになり、相手には苦痛になりがち

強要する
登校や医療機関の受診を強要すると、本人と家族を傷つけることに

保護者を責める
不登校・ひきこもりは保護者の責任ではない。責めてはいけない

放っておく
連絡をとる回数が減ると、子どもは見捨てられたと感じる。現状報告だけでも話をする

子ども本人と会えなくても、家庭訪問には意義がある。見捨てたり忘れたりしていないことを伝える

将来どうなる?

不登校の人の約八割が五年後に就学・就労

閉じこもる生活が続くと、家族は将来に対して悲観的になりがちです。しかし統計によると、就学・就労のできた人や改善した人もたくさんいます。

不登校には十分に改善のみこみがある

不登校・ひきこもりの子どもたちの進路を調べた統計が、いくつかあります。それらの統計によると、不登校児の将来はけっして悲観的ではありません。

多くの子どもが一度、不登校状態に陥っても、その後の数年間で自分の居場所をみつけています。不登校は小さなつまずきであって、大失敗ではないのです。

形にこだわらずに将来を考える

不登校・ひきこもり状態になったとき、その後の人生で大学に入れるか、正社員として働けるかと考えると、どうしても、厳しい道のりが想像されます。そのために将来を悲観する人がいます。

もちろん、努力しだいでそれも可能ですが、大学、正社員という形にこだわるよりも、本人の性格や希望にあった道を探しましょう。そう考えることで、気持ちがだいぶ楽になります。

不登校の将来は悲観的ではない

文部科学省の統計によると、中学時代に不登校を経験した子どものうち約8割が、卒業5年後に、なんらかの形で就学または就労をしていました。不登校を経験したからといって、悲観的になる必要はないのです。

中学卒業5年後の時点で、およそ77%の人が学校に通うか、仕事をしているという結果が出ている

文部科学省「不登校に関する実態調査」より

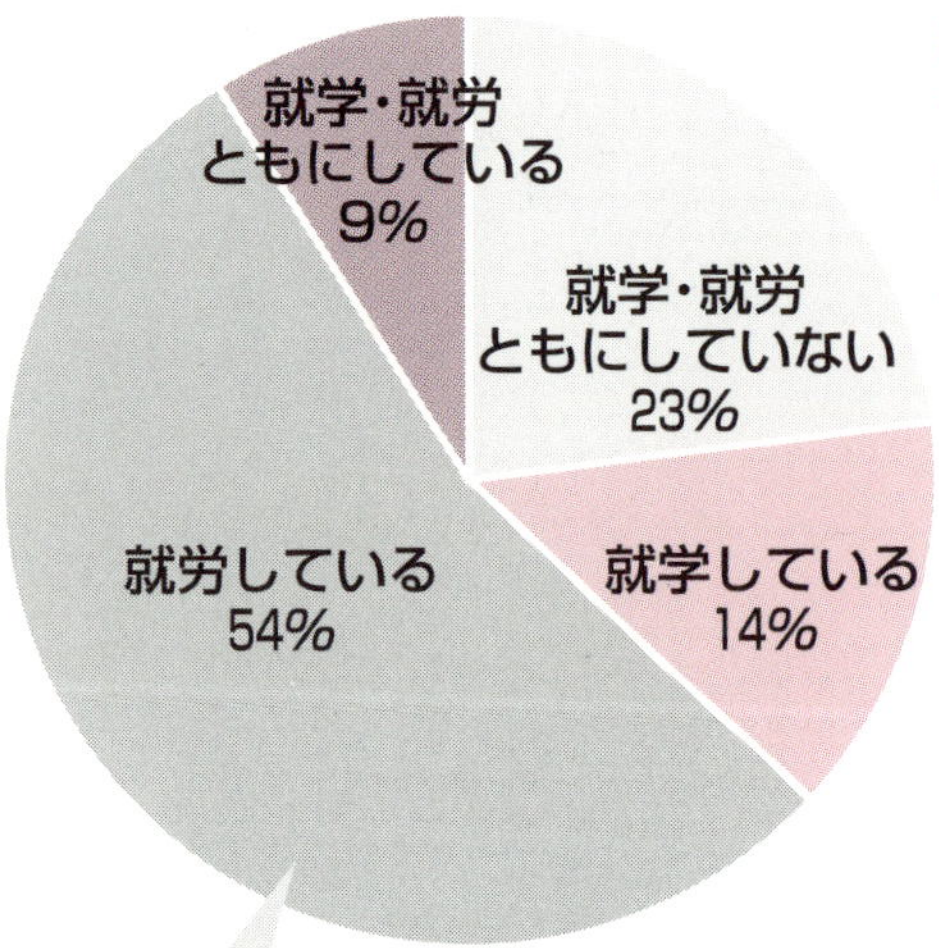

就学・就労ともにしている 9%
就学・就労ともにしていない 23%
就学している 14%
就労している 54%

調査対象

1993年度に「学校嫌い」を理由に年間30日以上欠席して卒業した中学生。98～99年にアンケートを実施して、5年後の状況を調査。

ひきこもっていても希望はある

ひきこもりの場合は、不登校よりも閉じこもっている期間が長いため、それほど楽観的なことはいえません。しかし統計によると、保健所や精神保健福祉センターなどの援助を受けた人のうち、3～4割で状況が改善しています。

統計では、ひきこもり状態になっている人のうち、4人に1人は援助を途中で打ち切っていた

厚生労働省「『社会的ひきこもり』に関する相談・援助状況実態調査報告（ガイドライン公開版）」より

援助終了
16.0%
中断・
音信不通
24.1%
援助継続中
56.9%
そのほか
3.0%

援助終了後の状況（複数回答）

とくに改善なし	25.9%
困難感・不安感が改善	16.3%
家庭関係の改善	14.2%
非常勤・アルバイトの就労	8.1%
居場所の確保	6.3%
社会的活動への参加	6.1%
教育機関への就学	5.3%
常勤の就労	1.3%

改善しなかった人もいるが、それ以外の人ではそれぞれに改善がみられる

援助継続中の状況

外出できる	41.1%
条件つきで外出できる	16.3%
友人とのつきあい、地域活動には参加できる	13.4%
外出できないが、家庭では自由	13.0%
就学・就労していて援助継続中	6.9%
自室に閉じこもっている	6.1%

就学・就労している人は少ないが、閉じこもったままの人も少ない。ゆるやかに改善していく人が多い。条件つきも含めれば、合計で8割近くの人が外出はできるようになっている

調査対象

2002年に、就学・就労をせず自宅中心の生活を6ヵ月間以上続けていた人。ただし、精神疾患や知的障害がある人、家族以外の誰かと親密な関係を維持していた人は除外されている。

支援を受けることが立ち直りのきっかけに

ひきこもりについての統計では、援助を受けることの重要性が示されています。公的機関からの援助を受けた人のなかには、外出できるようになったり、アルバイトをはじめたりした人が大勢います。

将来に絶望してなにもしないでいたら、本当に希望のない人生になってしまいます。支援を受けることで、立ち直るきっかけをつかみましょう。

どんな仕事についている？

不登校・ひきこもりを経験した人は、アルバイトや派遣社員、契約社員になり、自分のペースで働くことが多いようです。正社員になって特定の職場にとどまっていると、人間関係で悩みを抱えやすいことが背景にあると考えられます。

職種や業種には、特徴はありません。それぞれに適性のある分野を選んでいます。

将来どうなる?

高認、専門学校、アルバイトなどの基礎知識

以前にくらべて、就学・就労の選択肢は広がっています。形式にこだわらなければ、さまざまな進路を検討することができます。

年齢　10　中学卒業　高校卒業　20

専門学校

コンピュータや調理など、就職を見越した専門学校へ。仕事に必要な技術が身につくため、不登校は問題でなくなる

高校

転入、編入などの制度を利用して、高校に再チャレンジする方法もある。年齢の差が気にならなければ、ひとつの選択肢となる

定時制高校

不登校・ひきこもりの時期が長く、あとになって高校に通いたくなったら、定時制という選択肢も。仕事と並行できる

高認

中学卒業後に不登校・ひきこもりとなり,高認を受けて大学から社会復帰する人が多い。少しずつ社会に慣れるチャンス

大学

高校、高認などをへて、大学へ。小中学校の人間関係を一度リセットできるため、復帰のよい機会になる

家で勉強をして大学入学をめざし、塾の仲間や家庭教師と接することで社会にも慣れていく

中卒でひきこもりになってしまっても、大学進学への道は閉ざされていない

30

大学卒業

受け皿はたくさんある

いまの社会には、高校・大学に通わない人のための受け皿がたくさんあります。大学以外の学校や、学歴を問わない仕事、個人でできる仕事などのなかから、自分の生き方にあうものを探しましょう。

専門学校である程度の技術が身につけば、学歴に関係なく仕事に入っていきやすい

就職

不登校・ひきこもり支援の仕事で経験をいかしたり、コンピュータ関係で技術をいかすと、仕事につきやすい

派遣・契約

人材派遣の会社に登録して、心身の状態がよいときに仕事をする勤務形態もある。精神的な負担が軽くなる

派遣や契約は特定の職場に定着する必要がないため、人間関係の悩みが減り、気が楽になる

アルバイト

アルバイトは経験の場としても、社会復帰への足がかりとしても利用できる。どんな業種でも、実践することに意味がある

無理をせず、できる範囲でがんばる

家族にとってもっとも心配なことのひとつが、将来的に子どもが自立できるかどうか、という問題ではないでしょうか。

以前は学歴が重視されていたため、不登校・ひきこもりからの立ち直りが困難でした。しかしいまの時代には、学校に通わないという選択をした人の受け皿が、たくさんあります。

定時制高校や高認をへて大学に入る方法や、セカンドスクールと呼ばれるような、高校・大学以外の教育機関を利用する方法など、さまざまな学び方があります。

働き方の選択肢も増えていて、時間にしばられない仕事や、自宅で作業できる仕事もあります。人にあわせず、自分のできる範囲でがんばればいいのです。

これで変わった！　実例集③

保護者が受診することでひきこもりから脱却

本人がかたくなに外出を拒み、医師やカウンセラーに会うのを嫌がっても、家族が前向きな姿勢をみせると、心境に変化が表れることがあります。

Cくんは大学生。地元で神童と呼ばれるほどの秀才で、中高一貫の私立校をへて、最難関の国立大学に進学。エリートコースを歩んでいた。

原因・きっかけ　大学3年生になって就職を考えたとき、初めて自分で進路を決めることになり、混乱してしまった

症状・経過　人生の指南書などを読んだが、決断ができず、考えこんで、じょじょに下宿にひきこもるように

対応・改善

レールに乗ることに慣れきっていた

エスカレーター式の付属校や、保護者の希望する学校に通った子どもは、人が敷いたレールにそって歩くことに慣れています。期待通りに努力するのは得意ですが、自分で選択をするのは苦手です。

そういった子どもは、大学を卒業して、目の前からレールがなくなったとき、パニックになってしまうことがあります。

目標を失って、外出も食事もできなくなった

Cくんも、絵に描いたようなエリートコースを歩んできた大学生です。努力家で、最難関の大学に合格し、前途有望でした。

しかし、大学を出て自分で進路を決めるという段階になって、なにも決断できない自分に気づき、その挫折感から、ひきこもりになってしまいました。

母が子どもの悩みに気づき、カウンセリングへ

最初は周囲の誰も気づきませんでしたが、出席が減ったために大学から両親に連絡がいきました。両親が下宿をたずねてみると、衰弱しきったCくんがいたのです。

両親はCくんを地元に連れて帰りました。その後もひきこもっていましたが、本人は人を頼る気がなく、状態は変わりませんでした。

ところが、心配した両親がクリニックに相談し、母親がカウンセリングを受けはじめると、本人も興味をもち、受診するようになりました。その結果、一年間の休学をへて、復学へとこぎつけることができました。

4
人生を変える一歩のふみ出し方

不登校・ひきこもり状態からの脱却は、
小さな一歩からはじまります。
誰かに相談をしたり、近所の店に行ってみたり、
ほんの少しの変化でかまいません。
それが状況改善へのきっかけとなります。

生活を変える

小さな目標を立て、少しだけがんばってみる

状況を変えるための一歩は、ほんの小さなことでかまいません。あいさつをする、買い物に行くなど、できる範囲で目標を立ててください。

ゴールをみないで足下をみる

完全な社会復帰という目標を設定すると、実現が難しそうに思えてしまい、意欲が出ません。いきなりゴールをめざすのではなく、まずは一歩をふみ出しましょう。

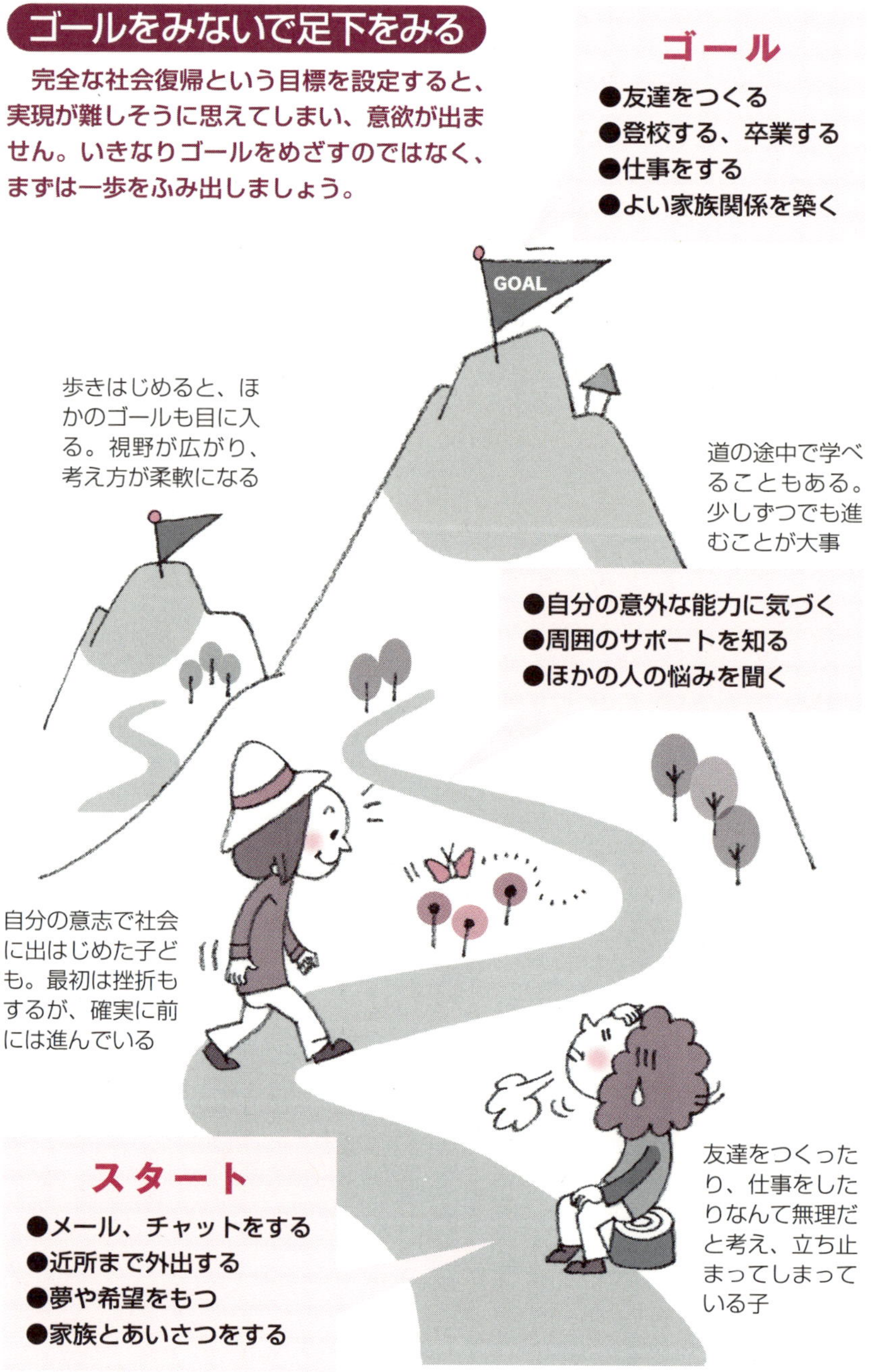

ゴール
●友達をつくる
●登校する、卒業する
●仕事をする
●よい家族関係を築く
GOAL
歩きはじめると、ほかのゴールも目に入る。視野が広がり、考え方が柔軟になる
道の途中で学べることもある。少しずつでも進むことが大事
●自分の意外な能力に気づく
●周囲のサポートを知る
●ほかの人の悩みを聞く
自分の意志で社会に出はじめた子ども。最初は挫折もするが、確実に前には進んでいる
友達をつくったり、仕事をしたりなんて無理だと考え、立ち止まってしまっている子
スタート
●メール、チャットをする
●近所まで外出する
●夢や希望をもつ
●家族とあいさつをする

どんなことでもいいから一歩をふみ出す

不登校・ひきこもり状態を改善するためには、変化が必要です。

変化はどんなことでもかまいません。一言でも会話を交わす、自動販売機で飲み物を買うなど、ほんの小さな一歩でいいのです。

人にほめられるような、大きな変化でなくても大丈夫です。小さな目標を立てて、まず一歩、ふみ出しましょう。

つらければ休んだり戻ったりしてもいい

生活を変えて、外出や対話に慣れていくなかで、恥ずかしくなったり、つらくなったりして、家に帰りたくなることがあります。

そんなときには、帰って少し休んでもかまいません。毎日毎日、進歩しなくてもいいのです。無理をするとつらい記憶が残り、チャレンジ精神や意欲が薄れます。立ち止まったり、悩んだりしながら、ゆっくり進んでいきましょう。

目標はなんでもかまわない

家庭環境や生活の状態などは、人によって異なります。ですから、目標もそれぞれに異なって当然です。どんなことでもかまわないので、自分にできそうな一歩を考えてみましょう。

コミュニケーション

一言でもいいから、会話をする。相手は誰でもかまわない。言葉で難しければ、メールでもいい

- 家族と毎日話をする
- メモやメールで意志を伝える

生活面

不登校・ひきこもりが長期化しないように、生活リズムを立て直す。朝起きることを目標に

- 毎朝、家族といっしょに食事
- 午前中に目をさます

社会性

社会との接点をもつためには、外出することを目標に。言葉やお金、もののやりとりをするとなおいい

- 早朝に近所を歩いてみる
- コンビニで買い物をする

ひとりで喫茶店に行き、人が集まっている場所の雰囲気や、店員との会話に慣れる

本人の意志が大切

自ら望んでふみ出すことが大事。人に言われてはじめても、なかなか続かない。

生活を変える

心が落ち着くような、安全な場所をつくる

ひきこもりの対応として、とにかく外に連れ出すという考え方もありますが、必ずしも有効とはかぎりません。落ち着いて考える時間も大切です。

家族の支えがあれば落ち着く

登校や外出をあまり強く求めると、子どもは追いつめられてしまいます。それよりも、少し休むのも悪くないのだと伝えて、精神的に落ち着くまで待ちましょう。子どもに必要なのは支えです。

×責めあう

- 子どもは親の責任だと言い、親は甘えだと言う
- どうして外出できないのか、原因を求めてケンカ
- いつまで続けるのかと、お互いやみくもに議論
- 仕事をする、しないの相談がずっと平行線

本人も家族も、相手を追いつめないことが大切。責任や原因を人におしつけると、いずれ自分もつらくなる

「お母さんが悪い！」と訴える子には、まず耳を貸す。感情的に叱ると、関係がどんどん悪化する

○支えあう

- お互いに非があることを認め、許しあう
- 原因を探すのはやめて、対策を話しあう
- 保護者はあせらず見守る姿勢が大事
- 目標を立てたら、家族みんなで協力する

居場所ができると精神的に安定する

生活を変える方法のひとつは、出かけること、人とコミュニケーションをとることなど、行動を外側に広げていくやり方です。不登校・ひきこもりの人にとっては大きなチャレンジになります。

そのような挑戦をするためには、帰る場所が必要です。家族の支え

居場所は自宅でなくてもかまわない

安心できるスペースは、自宅でも自宅でも、ほかの場所でもかまいません。落ち着いて考えられる場所、悩みをうちあけられる相手をみつけましょう。それが状況の打破にむすびつきます。

メール・インターネット

外出が難しい場合は、メールやインターネットでのやりとりでもかまわない。心が楽になる関係を築く。

相談先

公的機関や民間団体、医療機関などに悩みをうちあける。それを足がかりとして、家族・友人との関係も改善していく。

自室・自宅

自宅に安心感があれば、じょじょに外出への意欲が出る。安心感が依存にならないよう、家族の間にも適度な距離を。

仲間のグループ

民間団体や地域のグループに参加。学校・職場でなくても、仲間と社会活動ができれば、社会性は身につく。

フリースペースで仲間をみつけ、話ができるようになれば、ほかの人とも話せるようになっていく

や、安心できる環境があれば、不安になったとき、そこに戻って落ち着いて考えることができます。

状況が好転して少し希望がもてる

居場所ができて心が落ち着くと、外出する勇気が出てくるほかに、将来に希望をもてるようになったり、周囲の人を信頼できるようになっていきます。

状況が全体的に好転して、心身ともによい状態になっていくのです。そうすると安心できる居場所も広がっていき、その流れが社会復帰へとつながります。

インターネットばかりやっているけど大丈夫？

インターネットのプラス面には、ネットを介してコミュニケーションをとれることが挙げられます。いっぽうマイナス面には、パソコン作業に依存して、部屋から出なくなる側面があります。

プラス面をいかして、マイナス面をおさえるような対応をすれば、インターネットをやること自体には問題ありません。

居間にパソコンを置いたり、家族全員で交互に使ったりして、依存を予防しましょう。そのうえで友達づくりや情報収集に活用させることができれば、理想的です。

相談する

自助グループや親の会が大きな助けに

ひとりで考えていても、悩みはなかなか解決しません。民間のグループに参加して、同じ問題に悩む人に相談すると、意外な解決策がみつかるものです。

同様の悩みを語りあい、参考にできる

相談機関のなかでもっとも多様性があるのが、自助グループや親の会など、民間団体です。同じ境遇で苦しんでいる人たちが集まるため、気兼ねなく話せて、精神的な重荷がとれます。また、人の意見を参考にすることもできます。

民間団体には、さまざまな形態があります。不登校・ひきこもり専門のグループだけでなく、心の問題全般、子育て相談など、活動内容はさまざまです。

それらのグループを利用するときには、数多くの組織から、自分たちにあうところを探さなければいけません。民間団体はそれぞれに対応や費用が異なるため、個別に確認しないと、希望にあうかどうか判別できないのです。

民間団体の探し方

不登校・ひきこもりに悩む人が集まる民間団体には、さまざまな形態があります。公的機関や医療機関から紹介されることもありますが、基本的には自分で問いあわせ、どのような支援が受けられるか確認して参加します。

	自力で	紹介で
よい点	本や雑誌、インターネットなどで探す。目的にあった団体を選べる。	実績のある団体、専門家からみても信頼できる団体を紹介してもらえる。
注意点	対応の専門性が判断できない。継続的に参加できるかどうかも不明。	本人や家族の希望とあわない場合もある。安心しきらず、様子をみる。

民間団体に参加する場合は、まず連絡をとって活動内容を確認する

連絡をとる

電話やメールなどで問いあわせる。受けられるサービスの内容や、必要な費用・時間などをたずねて、問題がなければ参加する

自助グループのメリット

自助グループには、基本的に義務やノルマがありません。学校や職場と違ってプレッシャーが少ないため、誰でも参加しやすい形態になっています。

自助グループ

不登校・ひきこもりに悩む一般の人が、助けあうために集まる団体。相談員や指導者などのスタッフを中心に、さまざまな社会活動をおこなっている

仲間と遠足へ。年中行事に参加して、社会経験をつむ

○ みんな同じ悩みを抱えているため、話しやすい。集団行動をとることになり、よい社会経験になる

✕ 団体による違いが大きい。居心地がよくて抜けられず、結局社会に出られないという側面がある

親の会のメリット

保護者同士が集う会には、絶大な安心感と絆があります。不登校・ひきこもりを経験したことのない家庭にはわかってもらえない悩みを語りあい､支えあう仲間がみつかります。

○ ほかの人の問題解決へのプロセスが参考になる。悩みを口に出すことで、精神的に楽になる

親の会

不登校・ひきこもりの子を抱える保護者が集まる団体。数人で問題解決の方法を話しあったり、情報を交換したりする

✕ ほかの人の経過が気になり、神経質になりがち。話が不幸自慢のようになり、対策が出てこないことがある

本人とどのような関わり方をするべきか、実例を出して具体的に語りあえる

相談する

メール、電話、往診など、在宅でできる相談も

誰かに相談したくても、一歩も外出できないという人には、メールや電話を使って、在宅相談をするという選択肢があります。

在宅相談のメリット

相談相手に会うための外出さえも難しいという場合は、自宅にいながら相談できるメールや電話、往診の利用を考慮しましょう。本格的な相談はあまりできませんが、敷居が低く、抵抗なく相談できます。

本人が自分でメールを書き、直接相談することもできる

メール相談

民間団体、開業医などがよくおこなっている。メールで悩みをうちあけると、どのようにすべきかアドバイスをくれる

○ 対面でのコミュニケーションが苦手な人でも相談しやすい。本格的な相談でなくても話ができる

× 具体的な話まで進めるのは難しい。相談相手がどれくらい専門的に対応してくれるのか、わからない

電話相談

民間団体、公的機関などで幅広くおこなわれている。自宅からでも手軽に相談できるが、相談相手が専門家かどうか確認できない

往診はいきなりでは難しい。まずは電話相談をしてから

往診

相談相手が自宅まできてくれる。費用が高く、それに対する効果が保証されているわけではない

○ 外出できない状態でも相談できる。本人が自室から出られなくても、言葉をかけあうことはできる

× 本人の意志でない場合、相談に本人が応じない場合もある。相性があわなくて話せないこともある

専門家が車や電車で自宅まできてくれる。家庭環境もみてもらえる

民間団体にも公的機関にも相談できる

相談機関のなかには、来所できない人や、様子を知りたい人に向けて、電話やメールでの相談を受けつけているところがあります。民間・公共ともに存在します。

在宅での相談はあくまでも予備的な話であり、いずれは保護者か本人が来所することが望ましいのですが、それでも、外出できない状況から改善に向けて一歩ふみ出せるのは、意義深いことです。

機関によって対応内容はまちまち

在宅相談は、話をもちかける本人と家族にとっても、相談機関にとっても、相手を推しはかるための機会です。だいたいの事情はわかりますが、実際の環境や支援態勢までは、お互いにわかりません。

より深く相談するためには、往診を頼むか、本人と家族が来所する必要があります。機関によって対応はまちまちですから、できれば来所して様子をよく確かめたほうがいいでしょう。

来所相談のメリット

民間団体も公的機関も医療機関も、自分たちの目でみてみないと、実態がつかめません。不登校・ひきこもり問題への対応力がどのくらいあるか知るためには、来所して相談・見学をすることが効率的です。

相談や生活指導などが、どこで、何人で、どうやっておこなわれているか、見学できる

来所相談

本人と保護者で相談先の施設を訪れ、その場で話をする。支援内容や施設の環境を自分でチェックできる

○ どのような対応策をとっていくか、具体的に相談できる。施設を利用するかどうか、検討材料をえられる

× 本人に外出や施設見学を求めると、反発を招いて状況が悪化する場合がある。家族関係が悪くなる場合も

保護者だけ来所

本人の外出が難しい場合は、保護者だけで訪れてもかまわない。事情を相談して、施設に詳細をたずねる

相談する

地域の精神保健福祉センターを利用する

民間団体の対応や費用に不安がある場合は、公的機関を利用するといいでしょう。ただし、公的機関には専門知識に乏しいスタッフがいる場合があります。

公的機関の探し方

保健所や精神保健福祉センターなどの公的機関は、全国各地に設置されています。役所にたずねたり、インターネットで調べたりすれば、最寄りの機関がすぐにみつかります。

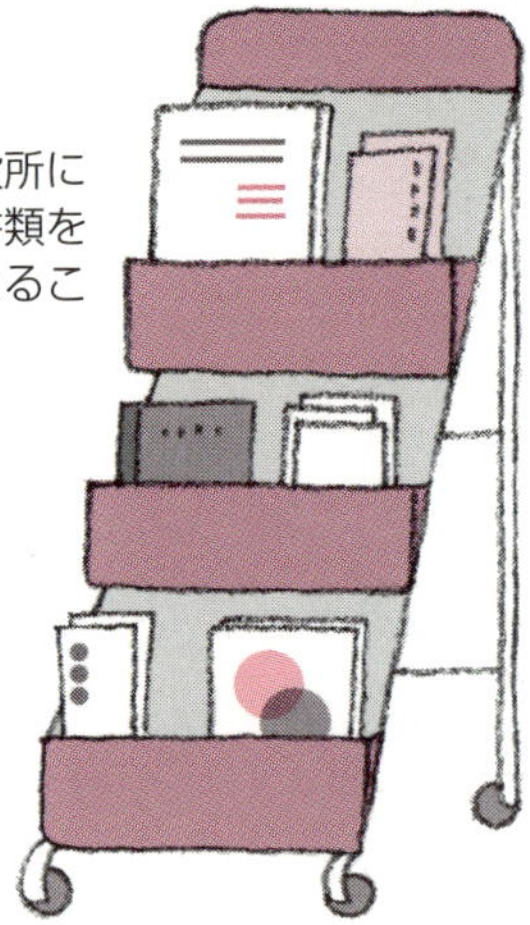

医療機関や役所に置いてある書類をみて連絡をとることもできる

医師の紹介

医療機関から、医学的な治療よりも生活面のケアが必要と判断され、公的機関を紹介される場合がある

役所の紹介

子育てや教育に関する窓口に相談をすると、不登校・ひきこもりの専門家として公的機関を紹介される

自分で探す

インターネットや本などで簡単に調べられる。公的機関であるため、情報が広く公開されている

連絡をとる

電話で連絡をとり、どのような対応をしているか確認する。機関によってばらつきがあり、不登校・ひきこもりの専門家がいないところもある

民間団体と違って探しやすく、自分で探しても不安はない

話すことが改善のきっかけになる

公的機関の相談窓口は、連絡先を探しやすく、信頼もできるため、最初に話をもちかける相手として適しています。

また、ほかの機関で満足のいく対応をえられなかったとき、より確かな情報を求めていく場合にも最適です。

なかでも精神保健福祉センターは、ほかの相談機関や医療機関との連携が深く、不登校・ひきこもり対応の拠点となるような存在です。センターを中心として、ほかの機関も利用しましょう。

さまざまな専門家と話せば、多くの対処法を知り、改善へのきっかけをつかむことができます。

公的機関のメリット

公的機関はそのほかの機関と連携をとりやすい立場にあります。保健所や精神保健福祉センターを足場として、医療機関や民間団体に相談をもちかけることもできます。

精神保健福祉センター

各都道府県に1つ以上設置されている公的機関。保健所や医療機関と連携して、心の病気に悩む人を支援している

ほかに児童相談所も公的な機関だが、相談できる内容は子育ての問題が中心になる

保健所

健康問題全般を支える施設。心の問題については月に数回程度の相談窓口を開いている場合が多い

医療機関

民間団体

職場

学校

精神保健福祉センターを中心とする地域ネットワークがあり、それを利用できる

○ 原則的に無料で支援を受けられる。公的な施設なので、安心感がある。ほかの機関の紹介もしてもらえる

✕ 地域によって、態勢がまちまち。積極的にとりくんでいる機関もあるが、事務員しかいないところもある

公的機関にはどんなスタッフがいる?

まず、相談員、事務員など医学的な知識をもたないスタッフが常駐しています。診断や治療は受けられませんが、専門家の紹介や基礎知識の説明はしてもらえます。

保健師がいることもあります。不登校・ひきこもりにくわしい人は一部ですが、心の問題をひと通り理解しているため、悩みごとの相談には適しています。

また、カウンセラーが日によって窓口を開いていたり、医師による相談会があったりなど、スタッフ構成は施設によって異なります。どのような対応が受けられるか、電話で事前に確認しましょう。

保健師
国家資格。心身の健康について専門知識をもっている

相談員
特別な資格ではない。専門知識をもっていない人もいる

相談する

スクールカウンセラーに悩みをうちあける

公立学校には、スクールカウンセラーが配属されています。身近な相談相手として選択肢のひとつに入れておくといいでしょう。

スクールカウンセリングのメリット

スクールカウンセラーは学校の実情を知っているため、不登校・ひきこもりについて現実的な話しあいができます。教師にはない専門知識をもっていることも特徴のひとつです。

○ 学校の様子をくわしく知っている。カウンセリングについて確かな知識をもっているため、相談相手として信頼できる

✕ 整備状況が学校によって異なり、活動が制限されている場合も少なくない。継続的なサポートを受けづらい

学校の監督者
校長、学年主任など。校内のメンタルヘルスを整備する責任者

スクールカウンセラーは、学校関係者と連携しなければ活動できない

スクールカウンセラー
子どもの心の健康を支える。勤務が月に数日間となるため、ほかの教師たちとの連携が欠かせない

担任教師
不登校・ひきこもりに悩む子の担任。状況を随時確認して、改善につとめる

養護教師
保健室の先生。子どもの体の健康、日頃の体調について、情報を提供する

保健室を間借りするような状態で勤務しているカウンセラーもいる。秘密保持がしづらい

スクールカウンセラーの制度がととのいつつある

一九九五年度からスタートしたスクールカウンセラーの制度は、現在までに多くの公立小中学校に普及しました。都道府県立の高校でも一部で設置されています。通学先に設置されていなければ、別の学校も利用できます。

まだ問題も残ってはいますが、制度は少しずつ整備されてきているといっていいでしょう。

学校からの圧力があり自由な活動はできていない

スクールカウンセラーのほとんどは、学校外部から登用された臨床心理士です。非常勤扱いで、週一回勤務が一般的です。児童本人よりも、保護者からの相談を受けるのが主な活動となっています。

勤務日が少なく、治療の継続性も確保されていないため、複雑なことを相談するのは難しいかもしれません。学校生活の悩みを話す相手と考えましょう。

どんな悩みを聞いてくれる?

カウンセラーはどんな悩みでも聞いてくれます。ただし、スクールカウンセラーの場合、制度上の問題があって活動が制限されているため、長期的にみると注意が必要です。

クラスメイトと話すのが苦手で、誰とも仲良くできない。どうしたらいいの?
勉強が嫌で両親とケンカをしてしまう。勉強しなきゃいけない?
なぜかわからないけど、学校にくるのがつらい。自分は病気なんだろうか?
学習面でも生活面でも、気になることがあったらひとりで抱えこまず、相談を
カウンセラーは心の病気の専門家。ただ相談をするだけでも楽になる

ここに注意

●1年交代

学校との契約が1年単位であるため、1年後に別の人になる可能性がある。

●治療ではない

カウンセリングは治療ではない。薬物療法など医学的な治療は医療機関へ。

●週1、2回出勤

非常勤扱いとなり、平均して1週間に1、2回程度しか学校にいない。

●情報管理

カウンセリングルームがなく、情報管理を徹底できない学校がある。

相談する

病気が考えられる場合は治療を最優先

不登校・ひきこもりは、急いで対応をせず、長い目でみていくべき問題です。ただし、なんらかの病気にかかっている場合は別です。

不登校・ひきこもりと病気の関係

不登校・ひきこもりは、基本的には病気を原因としていない状態をさします。ただし、病気を原因としていても、現象としては同じようにみえるため、それも広い意味では不登校・ひきこもりといえます。

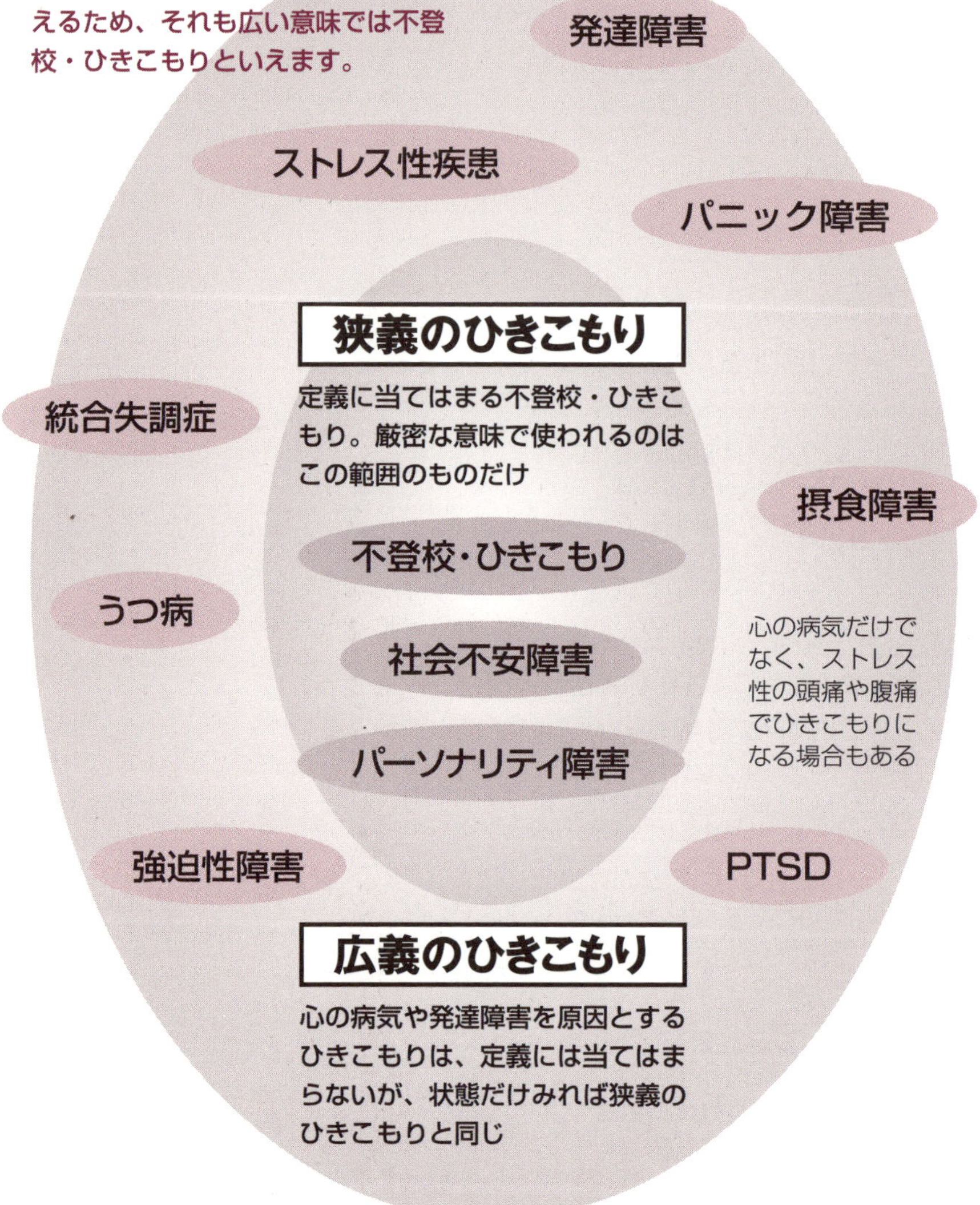
定義に当てはまるひきこもりを「狭義のひきこもり」といい、定義からはみ出るが、ひきこもっている場合を「広義のひきこもり」という
発達障害
ストレス性疾患
パニック障害
狭義のひきこもり
定義に当てはまる不登校・ひきこもり。厳密な意味で使われるのはこの範囲のものだけ
統合失調症
摂食障害
不登校・ひきこもり
うつ病
社会不安障害
心の病気だけでなく、ストレス性の頭痛や腹痛でひきこもりになる場合もある
パーソナリティ障害
強迫性障害
PTSD
広義のひきこもり
心の病気や発達障害を原因とするひきこもりは、定義には当てはまらないが、状態だけみれば狭義のひきこもりと同じ

狭義のひきこもり

相談機関
悩みを相談して問題点を探り、生活を変えることで対応する

家族
家族が接し方を変えることで、本人の精神状態が変わる

医療機関

友達

学校

職場

相談で解決するのは狭義のひきこもり

相談によって考え方を変えたり、生活を改善したりして対応できるのは、狭義のひきこもりです。広義のひきこもりで病気が関わっている場合は、医療機関を訪れ、治療を受ける必要があります。

狭義のひきこもりの対応は医師、カウンセラーなどへの相談が中心

広義のひきこもり

医療機関
薬物療法や治療プログラムによって、体や脳の状態をととのえる

相談機関
生活面の問題や、考え方・感じ方の偏りを直す

家族
治療計画の進行を見守り、必要に応じてサポートする

友達

学校

職場

広義のひきこもりも狭義のものと同じく面談をするが、それと同時に治療も受ける

相談機関や家族だけでは解決できない場合も

たくさんの団体を訪れ、さまざまな人に相談しても、問題が解決しない場合があります。不登校・ひきこもりの背後に、病気が隠れている場合です。

いくら話しあっても、専門家の指示にしたがっても、状況が改善しないときには、医療機関の受診を考えましょう。治療が必要な病気かもしれません。

心の状態を知るためにも早く相談する

それでも病気と診断されない場合がありますが、いずれにせよ、専門家と相談をして子どもの心理状態を理解することには意義があります。考え方の傾向がわかるだけでも、その後の経過は変わってきます。

病気でもそうでなくても、早めに相談して状況を整理しましょう。本人にとっても家族にとっても暮らしやすい関係が築けます。

これで変わった！　実例集④

自助グループで仲間と出会い、積極的に

学校や職場に居場所をみつけられず、不登校・ひきこもり状態になった人が、ほかの場所で仲間と出会い、状態がよくなっていくことがあります。

Dくんは20歳代なかばの男性。大学入学後、テニスサークルやアルバイトで活動の幅を広げたが、仲間ができなくて挫折してしまった。

原因・きっかけ　**さまざまな人と出会ったが、どうしてもうまく友達になれず、大学生活がつらくなった**

症状・経過　**家族とコミュニケーションをとり、近所には外出するが、大学に行けない状態が1年間続いた**

対応・改善

人間関係に悩み、キャンパスライフが苦痛に

大学に入ると、人間関係が広がって、たくさんの友達ができます。サークルやアルバイトなど、出会いのチャンスもあります。

そういった環境で周りがどんどん友達をつくっていくなか、自分だけ仲間が増えないと、不安や劣等感、寂しさを感じて、大学に行きづらくなっていきます。Dくんはまさにその状態にありました。

友達がほしいという意欲はもち続けていた

学生生活に挫折して家に閉じこもるようになっても、Dくんは友達をつくりたいという気持ちをもっていました。

大学には行けませんでしたが、近所を歩いたり、両親と話したりすることはできました。そして、両親には素直に「自分と同じような人がいれば話してみたい」と希望を伝えていました。

両親はその願いを叶えるためにクリニックを訪れ、相談をもちかけました。そこで自助グループを紹介されたのです。

自助グループで仲間をみつけ、大学にも復帰

Dくんはすぐにグループに参加しました。そこで仲間をみつけて自分の居場所をみいだし、積極的に参加するようになりました。じょじょに自信をつけ、二年後には大学にも復学しました。

本人がクリニックを受診することはありませんでしたが、自助グループを紹介されたことが、改善につながりました。きっかけはどんな一歩でもいいのです。

5
医師・心理士に期待できること

不登校・ひきこもりは病気ではなく、
基本的には医療機関に通う必要はありません。
しかし、身体症状や自傷行為などが表れ、
体の健康に大きな影響が出はじめたら、
医療機関の利用も考慮します。

医療機関

専門家は精神科・神経科・心療内科などにいる

不登校・ひきこもりは心の病気と関連が深いため、精神科・神経科や心療内科などで診察を受けることができます。

医療機関の探し方

精神系の医療機関のなかから、子どもの発達や思春期の問題にくわしい医師がいるところを探すといいでしょう。自分でインターネットなどを使って探すほかに、公的機関から紹介を受けることもできます。

自力で

インターネットや本などで、精神科・神経科・心療内科を探す。電話して子どもの心の問題を相談できるか確認する

紹介で

保健所や精神保健福祉センターを訪れて、不登校・ひきこもりにくわしい医療機関を紹介してもらう

どこに行くべきか悩んだら、公的機関に相談して、自分たちの状況にあった医療機関を紹介してもらう

心療内科

心の問題の対応と、内科的治療を受けられる診療科。ストレス性の身体症状を治療できる。

●専門はストレス性の頭痛・腹痛など

精神科・神経科

精神疾患を専門とする診療科。考え方の偏りが強く、心の病気が考えられる場合に受診する。

●専門はうつ病、統合失調症など

メンタルクリニック

心の問題を専門とする医療機関。スタッフしだいで専門分野が異なるため、事前に確認してから受診を。

●専門はクリニックによって異なる

大学病院・総合病院

大きな病院の診療は、医学的な検査と治療が中心。各家庭のこみいった事情にまでは、対応できないところが多い。不登校・ひきこもりの相談先としては適さない。

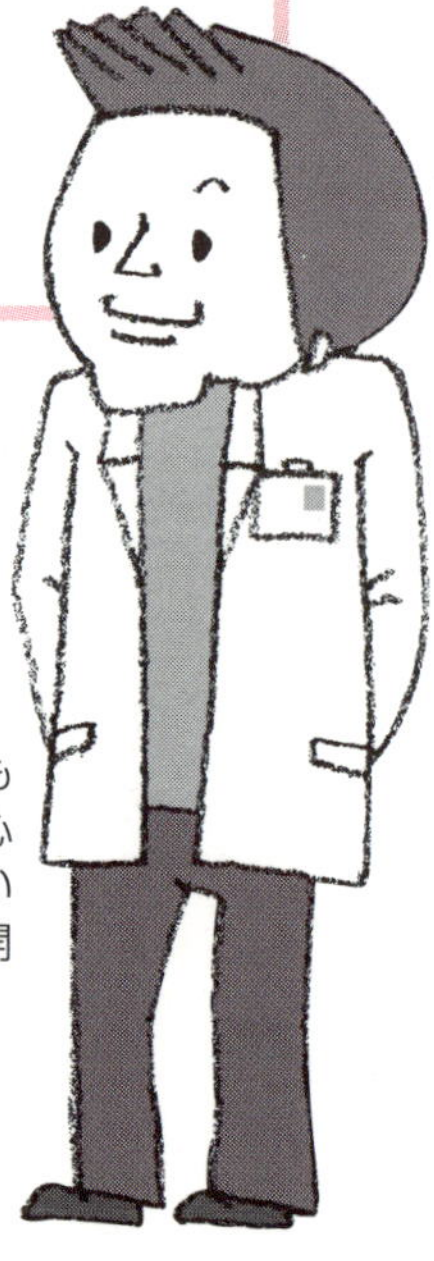

不登校・ひきこもりなど子どもの心の問題にくわしい専門家は、若い開業医に多い

病気ではないが医療機関を頼ってもいい

不登校・ひきこもりは、医学的には病気ではありません。しかし精神疾患と関連が深く、似た症状を呈することがあるため、医療機関で診療を受けられます。

精神科・神経科・心療内科など、心の病気を扱う診療科を訪れましょう。行動面や心理面の偏りについて、病気が関係していないかどうか、診察してもらえます。

診療科にこだわらず、くわしい人を探す

ただし、不登校・ひきこもりは医学だけの問題ではなく、教育・社会・心理などさまざまな要素が関係しています。医療機関ならなんでもわかるとはかぎりません。心の病気の専門医でも、この問題にくわしくない人はいます。

診療科の名前や施設の大きさにこだわらず、会ってみて信頼できる人、気持ちが通じる人のところに通うのがいちばんです。

医療機関のメリット

生活リズムの乱れや考え方の偏り、強い身体症状などの悩みを、薬や治療プログラムによって解消することができます。苦しさがやわらぐため、精神的な余裕ができます。

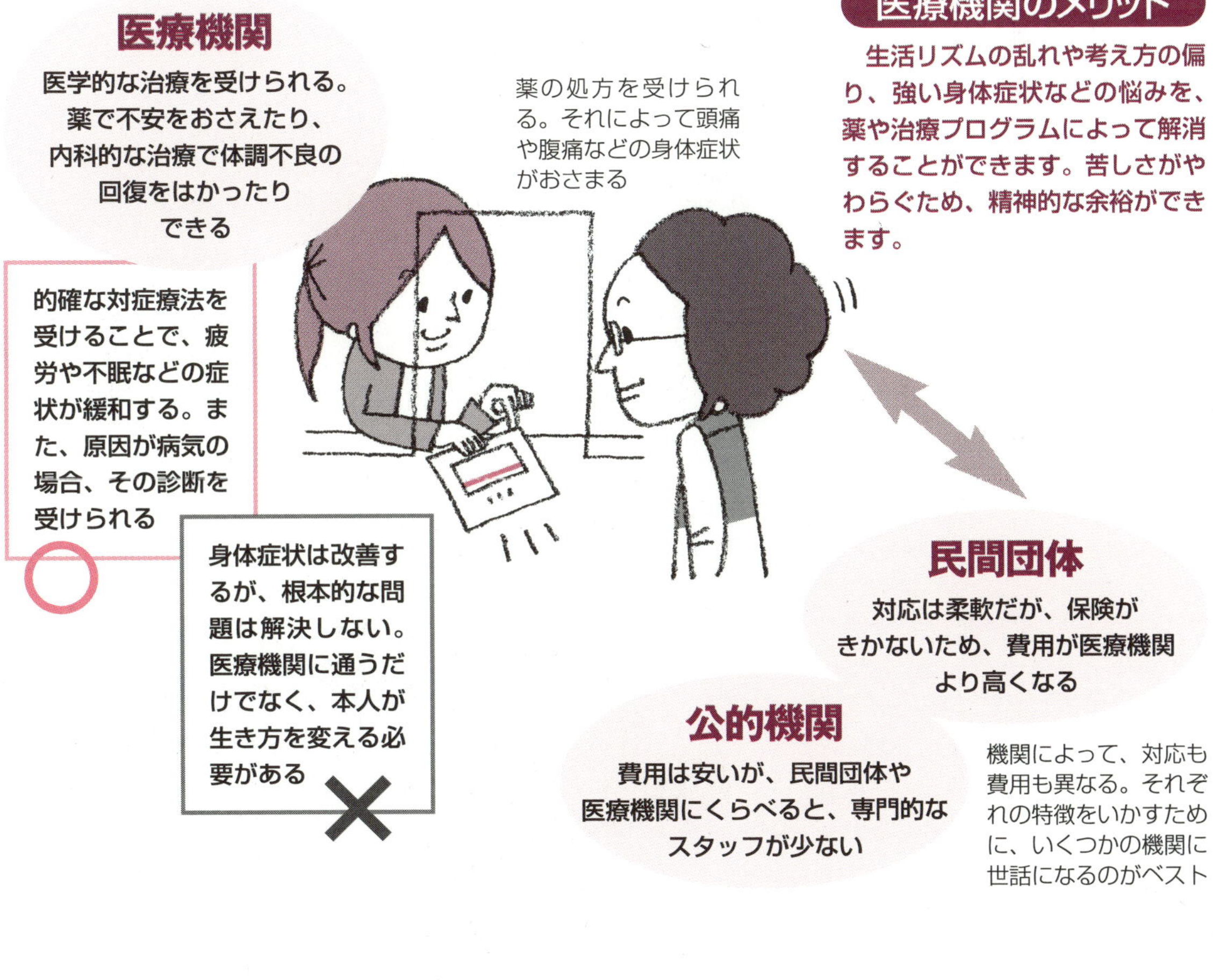

医療機関
医学的な治療を受けられる。薬で不安をおさえたり、内科的な治療で体調不良の回復をはかったりできる
薬の処方を受けられる。それによって頭痛や腹痛などの身体症状がおさまる
的確な対症療法を受けることで、疲労や不眠などの症状が緩和する。また、原因が病気の場合、その診断を受けられる
○
身体症状は改善するが、根本的な問題は解決しない。医療機関に通うだけでなく、本人が生き方を変える必要がある
×
民間団体
対応は柔軟だが、保険がきかないため、費用が医療機関より高くなる
公的機関
費用は安いが、民間団体や医療機関にくらべると、専門的なスタッフが少ない
機関によって、対応も費用も異なる。それぞれの特徴をいかすために、いくつかの機関に世話になるのがベスト

医療機関

診察ではどんなことを聞かれるか

医療機関で聞かれるのは、家庭での子どもの様子です。不登校・ひきこもりの背景に病気がないかどうか、わかります。

家庭での様子を具体的に話す

不登校・ひきこもりのきっかけや、本人が悩んでいること、家族関係の問題点など、保護者として気づいた点を話します。また、将来や非行の傾向など心配ごとがあったら、それも伝えます。

保護者が聞かれること

親子関係や夫婦関係、生育環境などを聞かれます。家庭での様子を把握するためです。また、発達障害の可能性や、不登校のきっかけなど、成長の過程で気づいたことも質問されます。

- 発達の遅れはないか
- 学校での問題行動はないか
- 生活上の問題、身体症状はないか
- 本人は問題に対して自覚的か

ひきこもっている期間は?
対話は?
問題のある行動は?

家の中で、ふだんどれくらい会話があるか、どんな内容の話をするか、医師に伝える

言わなくてもいいこと

話したくないことは黙っていてかまいません。また、遠い将来の話など、わからないことは答えなくて大丈夫です。ただ、本人も気づいていない点が問題に関連している場合もあるため、できるだけくわしく相談したほうがいいでしょう。

- 答えたくないこと
- プライベートな話題
- わからないこと

本人が聞かれること

本人が受診できる場合は、まず保護者は退席します。同席していると、子どもより先に答えてしまうことがあるからです。本人は、保護者に言えない悩み、家族関係のストレス、本人自身の考え方などを聞かれます。

- 不登校・ひきこもりの問題に自覚的か
- 悩みごとはあるか
- 体調不良、ストレス症状はないか

問題点をいっしょに考えていく

医療機関では、家庭環境や発達過程など、子どものふだんの様子を話しあいます。家族は情報を提供し、医師やカウンセラーは考えを述べたり、質問をします。

その会話を通じて、現状における問題点を探し出し、解決策をいっしょに考えていきます。医療機関といっても、必ずしも病気だと診断されるわけではないのです。

原因ばかりたずねる医師は、この問題に慣れていない

この問題にくわしい専門家は、子どもや家族が受診したとき、まずその行動力を認めてほめてくれます。本人にとって、外出するのは大変なことだからです。それを認めることで、本人の気持ちを肯定して、受け入れます。

くわしくない人だと、原因を探ったり、ストレスだと診断するなど、子どもの悩みに共感しようという姿勢がみられません。

セカンドオピニオンをえるには

医療機関に行っても満足のいく診断をえられず、対応の仕方がわからないままになってしまう場合があります。不登校・ひきこもりは、専門家でさえ判断しかねる難しい問題なのです。その場合は、ほかの機関を利用することも考えましょう。

受診
医療機関を受診。面談を受け、子どもがどのような状態にあるのか診断を受ける

原因を問われる
不登校・ひきこもりの原因を問われる。家族も本人もわからず、原因不明で対処法も不明と診断される

病気だと言われる
心身症や自律神経失調症など、ストレス性疾患の診断名がつく。不登校・ひきこもりについての対応は指示されない

なんでもないと診断される
とくに病気や障害に当てはまらないため、健康だと診断される。がんばって登校するしかない、などと言われる

担当医が代わる
不登校・ひきこもりの相談を続けている最中に担当医が代わり、また最初から説明しなおす状況に

セカンドオピニオン
ほかの医療機関を訪れて、もう一度、診察を受ける。不登校・ひきこもりにくわしい機関へ

誰に相談していいかわからなくなったら、精神保健福祉センターや保健所を訪れ、自分たちにあった機関を探してもらう

治療法

治療の基本となるのは、心理療法

不登校・ひきこもりの治療は、基本的に心理療法だけで進めていくことになります。本人と家族と医師で話しあい、問題点や解決法を考えていくのです。

話しあいを繰り返して改善をはかっていく

心理療法やカウンセリングは、専門家と会話をすることで不登校・ひきこもりからの回復をめざす治療法です。本当に話をするだけなので、人によっては効果を信じない場合があります。

一度や二度、話したくらいでは効果は表れません。その段階で治療を疑うのはやめてください。何度も繰り返し対話をして、考え方を少しずつ変えていくことが必要なのです。

相談を繰り返しても状況が変わらなければ、心配になることもあるでしょう。しかし、担当の医師やカウンセラーを信じて、じっくりとりくんでください。

心理療法と生活改善が2つの柱

心理療法によって考え方や感じ方の偏りを調整するとともに、それを具体的に形にするため、生活改善もおこないます。

悩みを解消しながら、少しずつでも登校できるようにしていく
心理療法
医師やカウンセラーが、不登校・ひきこもりに悩む本人や家族と話しあい、心理面の問題を解決していく。
●考え方の偏りを改善
●悩みごとを話しあう
生活改善
心理療法と並行して、生活のなかの問題点を見直す。苦手なことにも少しずつ慣れていくようにする。
●生活リズムをととのえる
●外出する経験をつむ
心理面と生活面、両方の改善をはかることで、好循環がうまれる

さまざまな形で応用される

心理療法には、さまざまな手法があります。悩みを抱える本人と話す形式を基本として、集団で話す方法、行動面の改善を並行する方法など、場合によって応用しておこなわれます。

医師やカウンセラーによって、心理療法の治療方針は異なる。誰もがこのすべての形式を用いているとはかぎらない

心理療法

家族療法

本人だけでなく、家族からも話を聞く。心理的な問題が人間関係から生じている場合に効果的。問題解決へのきっかけができる

（56ページ参照）

集団療法

同じ悩みを抱える人でグループをつくり、お互いの問題点などを話しあう。ほかの人の考えを知ることで、自分に対する理解が深まる

認知療法

ものごとに対する認知のゆがみを直す。自分の体臭が強い、体型がみにくいなどの思いこみを少しずつ軽減していく

認知行動療法

認知療法をおこないながら、行動面の治療プログラムも進める。体臭の強さを気にせず外出する訓練など

そのほかの治療法

遊びのなかでコミュニケーション能力をはぐくむ遊戯療法など、ほかにもさまざまな心理療法が用いられている

グループで話しあうと、自分ひとりでは気づかなかった、意外な問題点に気づくことがある

集団療法の集団に入りびたってしまったら？

学校や職場で居場所を失っていた子どもは、集団療法で悩みを語りあう仲間と出会うと、その嬉しさでグループに依存してしまうことがあります。

友達をつくるのはいいことですが、それだけでは社会に出ていくことはできません。医師やカウンセラーから、ほかの場所にも出かけるよう、アドバイスをしてもらいましょう。

治療法

薬物療法は、苦しさをやわらげるためにおこなう

不登校・ひきこもりの問題に薬が使われることは、原則としてありません。薬物療法は、身体症状が極端に悪化した場合などにおこなわれます。

薬物療法の対象は一部

薬を使うのは、不登校・ひきこもりの関連症状が悪化している場合です。頭痛や不眠症などの身体症状や、うつ症状などをまず薬でおさえ、そのあとで不登校・ひきこもりに対応していくという流れになります。

抗うつ薬、抗不安薬などを服用することで、うつや絶望、不安、強迫症状などが解消して、落ち着いて考えられるようになる。

心理面

うつ、妄想など精神疾患関連の症状がある場合は、病気の可能性も考える。症状が重い場合は薬物療法の適応となる

身体面

頭痛、腹痛などのストレス症状が強い場合に、症状をおさえるために薬を使う。症状が緩和したら薬をやめる

一般的に使われる頭痛薬、胃腸薬などを用いる。あくまでも対症療法としておこない、薬を飲むことがくせにならないようにする。

生活面

生活リズムが乱れて眠れなくなっている場合や、発達障害の影響で衝動性が極端に強い場合などに薬を使う

不眠を軽減する薬、衝動性をおさえる薬など、生活上の問題点にあわせておこなう。並行して、不登校・ひきこもりの改善をめざす。

不眠が解消することで、考えこんだり悩んだりすることが減り、改善する場合もある

対症療法として補助的におこなう

不登校・ひきこもりの要因にストレス症状やうつ症状などが関係している場合、その症状をおさえることで悪循環が止まり、問題解決につながることがあります。

心理療法と併用される

薬物療法だけで不登校・ひきこもりが改善することはありません。薬はあくまでも補助的な手段です。医師やカウンセラーによる心理療法を並行して、様子をみながら薬を使っていきます。

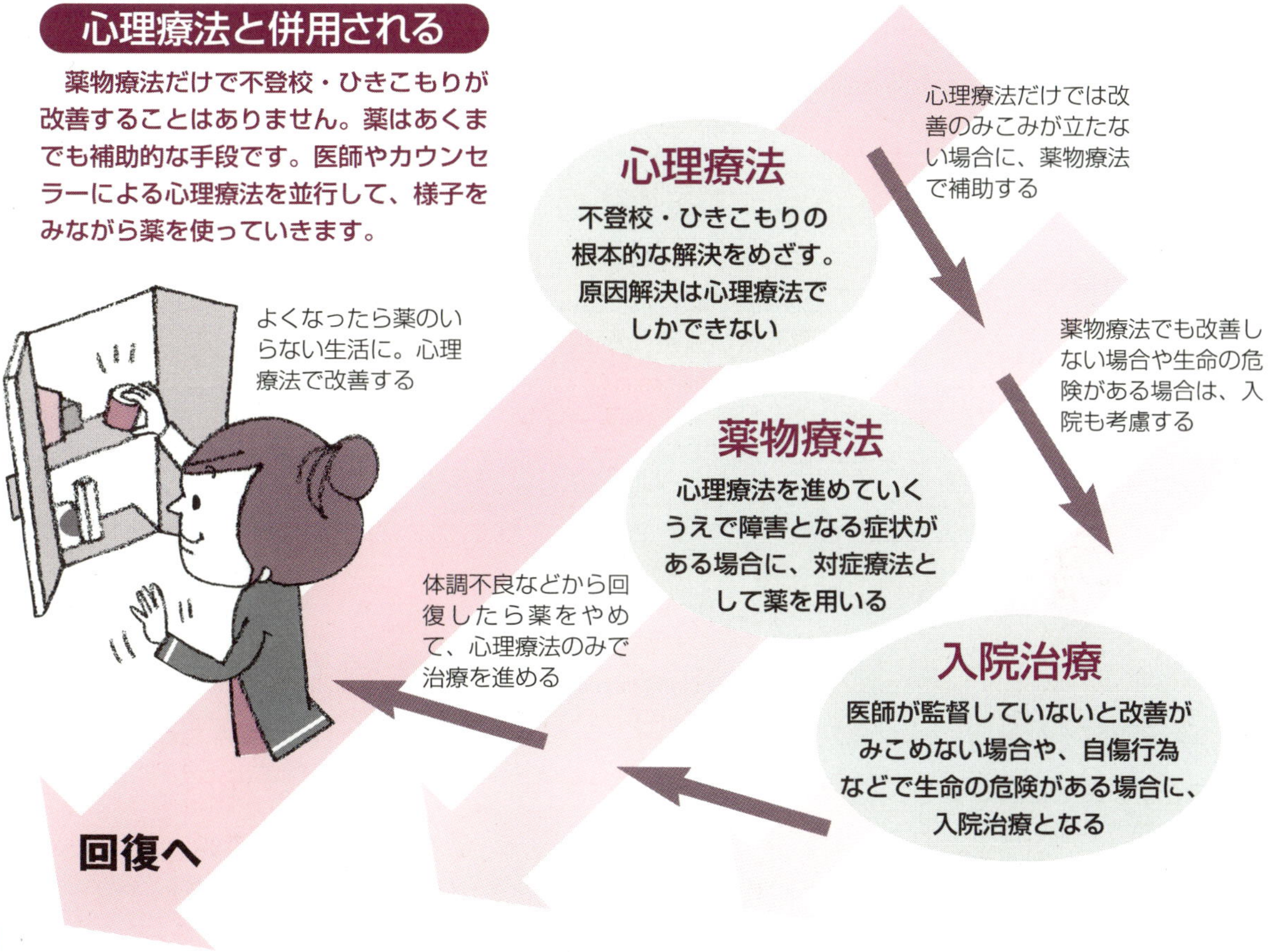
心理療法
不登校・ひきこもりの根本的な解決をめざす。原因解決は心理療法でしかできない
心理療法だけでは改善のみこみが立たない場合に、薬物療法で補助する
よくなったら薬のいらない生活に。心理療法で改善する
薬物療法
心理療法を進めていくうえで障害となる症状がある場合に、対症療法として薬を用いる
薬物療法でも改善しない場合や生命の危険がある場合は、入院も考慮する
体調不良などから回復したら薬をやめて、心理療法のみで治療を進める
入院治療
医師が監督していないと改善がみこめない場合や、自傷行為などで生命の危険がある場合に、入院治療となる
回復へ

学校についての悩みやストレスで不眠症となり、それが昼夜逆転生活にむすびつき、不登校になっているような場合です。

医療機関を受診して薬を処方してもらい、不眠を解消することで、状況が好転します。その後、悩みやストレスを軽減するための心理療法を受け、考え方を見直しながら、登校をめざします。

薬の助けを借りることが、状況改善へのきっかけになるのです。

薬に副作用はない？

医師の処方通りに服用していれば、基本的に副作用は起こりません。不登校・ひきこもりでは薬を使うとしても、ほとんどの場合、一時的な対処で、副作用が起きることはごくまれです。

抗うつ薬、抗不安薬など心の病気に処方される薬は、近年、改良が進み、現在では副作用の出にくいものになっています。まれにめまいや体調不良を訴えることがありますが、その場合も医師に相談すれば、心配はいりません。

期間の目安

回復するまでに数年間かかる場合が多い

治療期間は人それぞれ異なります。数年間かけて改善していくのが平均的ですが、個人差があるため、期間にこだわらないほうがいいでしょう。

不登校は劇的な改善が望める

小中学生の不登校は、比較的改善しやすい状態にあります。学校での生活環境が変わったり、人間関係に変化が出たりすると、一夜にして立ち直る場合もあります。

中学から遠方の私立校に通うなど、環境を変える手段はいくつかある

急激に改善

生活面の乱れや身体症状が一気に軽減して、問題なく登校できるようになる

クラス替えやクラブ変更などを機に、一気に改善する子がいる

小中学生でも、ゆるやかに改善していく子もいる

クラス替え

友達との対話

クラブ活動

中学・高校受験

10　0　年齢

中学校

進学をきっかけに環境を変えることができる。長期化する前に手を打てるため、改善しやすいといえる。

小学校

人間関係が複雑ではなく、ちょっとしたきっかけでの改善が期待できる。周囲からも積極的に働きかけを。

不登校

早期の改善がみこめる。保護者や教師からの働きかけに反発することも少なく、対応しやすい状態といえる

数年を見越してじっくりとりくむ

　不登校・ひきこもりから回復するまでの期間は、平均すると、だいたい数年間です。

　不登校で状態がよい場合などは短期間での改善も望めますが、回復が早い例にあわせてあせるのはよくありません。早期改善をめざすより、数年先まで見越して、じっくり対応していくほうがいいでしょう。

あせらせないことで事態が落ち着く

　受験の時期や、就職年齢の問題などから、回復目標を決めてしまう人がいます。しかし、不登校・ひきこもりは、あせればあせるほど、深みにはまりやすい問題です。理想を追いかけて無理な目標を立てるのはやめましょう。

　数年単位でゆっくりがんばろうと思えれば、精神的に落ち着きます。それによって、状態の悪化をひとまず止めることができます。

ひきこもりは長い目でみる

　ひきこもった状態が長く続くと、急激な改善は望めなくなっていきます。しかし、状況をゆるやかに変えていくことはできるので、あきらめずに根気よく対応していきましょう。

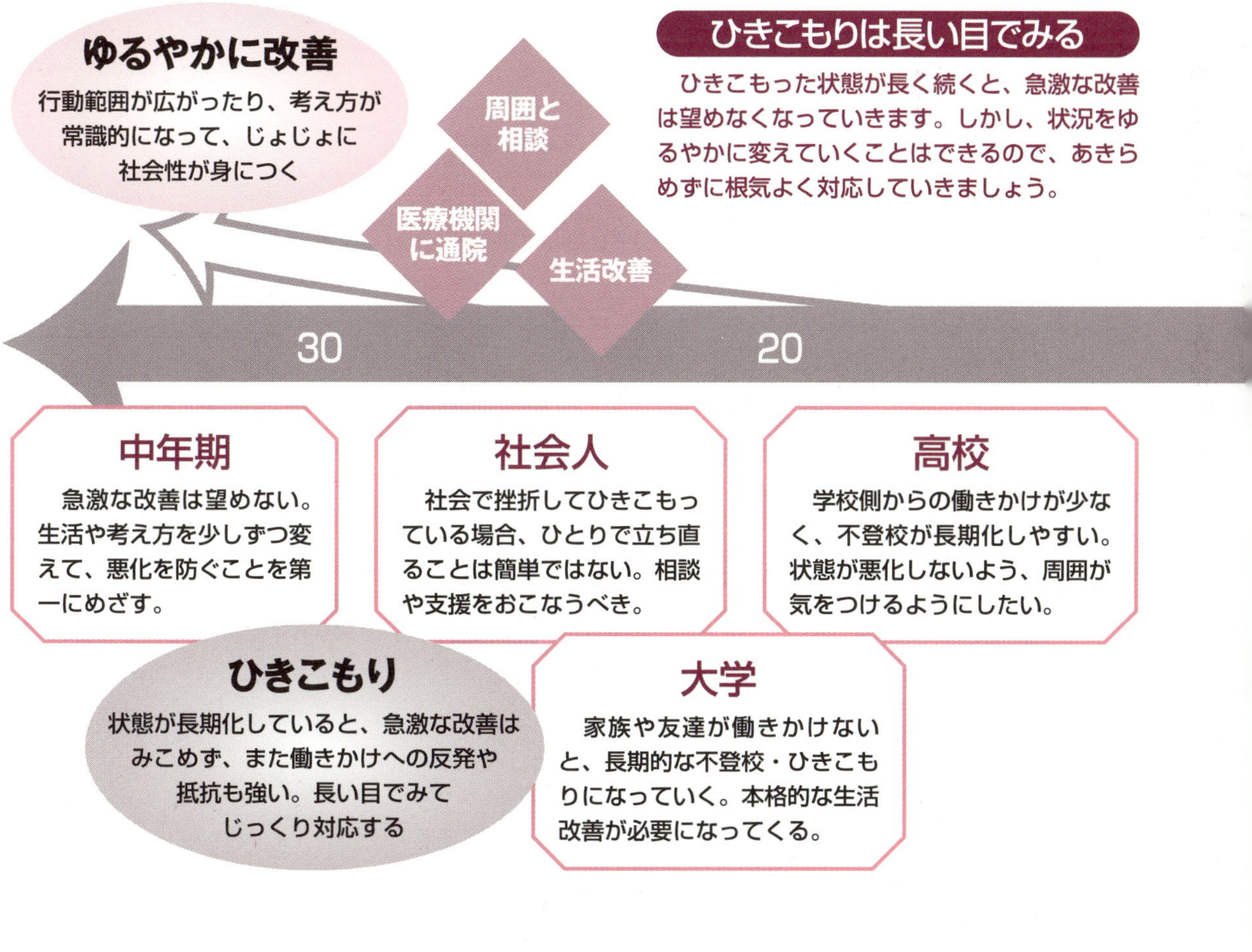

ゆるやかに改善
行動範囲が広がったり、考え方が常識的になって、じょじょに社会性が身につく
周囲と相談
医療機関に通院
生活改善
30
20
中年期
急激な改善は望めない。生活や考え方を少しずつ変えて、悪化を防ぐことを第一にめざす。
社会人
社会で挫折してひきこもっている場合、ひとりで立ち直ることは簡単ではない。相談や支援をおこなうべき。
高校
学校側からの働きかけが少なく、不登校が長期化しやすい。状態が悪化しないよう、周囲が気をつけるようにしたい。
ひきこもり
状態が長期化していると、急激な改善はみこめず、また働きかけへの反発や抵抗も強い。長い目でみてじっくり対応する
大学
家族や友達が働きかけないと、長期的な不登校・ひきこもりになっていく。本格的な生活改善が必要になってくる。

費用の目安

制度の利用で、一回当たり数百円程度に

診療にかかる費用は、医療機関によって異なります。スタッフの構成や対応内容、治療方針などに違いがあるためです。

医療機関にかかる費用はそれほど高くない

精神疾患で受診するときにも、風邪や怪我と同様に、医療保険が適用されます。

ですから、心理療法のために何度も通ったとしても、診療費はそれほど高くなりません。一般的には、一回の診療で数百円から数千円です。週に一度、一年間通い続けても一〇万円程度です。金銭的な援助をえられる制度を活用すれば、負担はさらに減ります。

ただし、カウンセリング料金や往診の費用などが別途かかる場合もあり、診療にかかる費用の総額は、医療機関や治療方針によって異なります。あくまでも参考として理解してください。

保険適用、制度利用ができる

医療機関での診療には保険が適用されるため、診療費は数百円から数千円程度になることが一般的です。また、制度を利用すれば経済的な負担をさらに軽減できます。

医療費
診察を受けることで医療費が発生。投薬の有無で金額が異なる。保険適用前は1回の診療で1万円程度

＋

社会保険・健康保険
保険の適用によって、自己負担額は初診時で2,000～3,000円、再診時で1,000～2,000円程度に軽減される

＋

各種制度の利用
左ページの制度を利用すれば、費用はさらに安くなる。10分の1程度にまでおさえられる

医療費に関する制度には、地域差がある。くわしくは、身近な医療機関や精神保健福祉センターに相談を

心の問題にも、病気と同じように、医療保険や社会福祉制度が利用できる

主に2種類の制度がある

精神疾患に苦しむ人を経済的に支援する制度が2つあります。それらの制度を、不登校・ひきこもりの治療にも適用することができます。ただし、医師の診断書が必要です。

自立支援医療制度

精神疾患で治療を受ける際、金銭的な負担のせいで治療が中断しないよう、支援する制度。ひきこもりの場合、治療が長期化することが多いため、制度を利用することが望ましい。

申請方法

申請書、健康保険証、必要書類を地域の役所に提出する。書類は所得によって異なる。申請後1ヵ月程度で制度が適用される。

本人が申請に行くことは難しい。保護者が書類を用意し、地域の役所へ

優遇措置

制度適用から1年間、医療費の負担額が減る。金額は所得によって異なるが、多くの場合、通常の10分の1になる。

精神障害者保健福祉手帳制度

精神障害によって生活に負担・制約がかかっている人を支援する制度。金銭面だけでなく、生活全般に対する支援を受けられる。手帳をつくるためには、写真が必要となる。

申請方法

申請書、写真、必要書類を地域の役所に提出する。書類は診断書か、障害年金・特別障害給付金を受給していることの証明書。

優遇措置

制度適用から2年間、金銭的なサポートを受けられる。各種税制の一部控除、一部電話料金の軽減、自治体が管理している施設の利用費免除など。

そのほかの制度

医療費が高額になった場合の控除、仕事を休むときの収入補償など、ほかにもさまざまな制度が利用できる。詳細は精神保健福祉センターなどで、相談員、ソーシャルワーカーらにたずねるとわかりやすい。

- ●高額療養費、傷病手当金（保険組合へ）
- ●休職、有給休暇（勤務先へ）

治療Q&A

治療に疑問をもった場合はどうする？

子どもの悩みは一人ひとり違います。ですから、不登校・ひきこもりに関する疑問も、悩む人の数だけあるといえます。ここでは主なものを紹介します。

不安になりやすいポイント10

保護者や教師がもっとも強く心配するのは、今後どうなるのか、状態はどこまで悪化するのかといった、子どもの将来に関係することです。将来の不安に対して、どのような考え方をするべきなのでしょうか。

Q いじめ、虐待のせいでは？

A きっかけにはなりうる

いじめや虐待をきっかけに不登校・ひきこもりとなる子どもは確かにいます。しかし、それだけが原因ではありません。生活環境や本人の考え方など、ほかの要素も総合して考えていかないと、問題の根本的な解決にはなりません。転校、引っ越しなどで改善をはかっても、失敗する恐れがあります。

Q 転校すればよくなる？

A きっかけにしかならない

環境を変えることで、急激に改善するケースがあります。転校もそのひとつのきっかけにはなりますが、改善目的の転校は基本的にさけてください。その後なにか問題が起きたときに、また転校しなければ解決できないという状況に陥りかねないからです。

Q 老後は誰が支えるのか？

A 本人の自立をめざす

経済的に裕福で、老後のたくわえに心配がなければ、そのまま暮らしてもかまいません。しかし多くの場合、ひきこもりの子を養い続けることは不可能です。そのためには、本人の自立をめざすことが欠かせません。人を頼るのではなく、本人の力を信じて、話しかけていくことが大切です。

Q 部屋に入ってはいけない？

A 本人の精神状態しだい

自室に閉じこもっている子は、保護者が部屋に入ることを強く拒絶します。そういった状態では、部屋の掃除などもひとまず本人にまかせたほうが無難でしょう。本人の気持ちを尊重することで、信頼関係が築ければ、じきに部屋から出るようになり、掃除もできるようになっていきます。

無理に掃除をしようとすると、反発を招き、より強く拒絶されるようになる

Q 何年待てばいいのか？

A 期間は人によって違う

登校をめざすにしろ、別の道を考えるにしろ、結果が出るまでの期間に目安はありません。人によってまったく違います。何年間と決めて待って、そこで結論を出そうと考えるのはやめましょう。少しずつでもいいので、いますぐに改善策をとりはじめることが理想です。

Q いつか自殺するのでは？

A 心配だけでなく支援が必要

自殺の意志を口にすることで、助けを求める子がいます。そのとき、疑ったり、黙っていたりすると、本当に自傷行為をしかねません。心配するだけでなく、声をかけて悩みを聞いてあげてください。

Q 要求をどこまでのむべきか？

A 常識の範囲までにする

子どもの希望を聞くことは大切ですが、それがエスカレートしはじめたら、毅然とした態度で拒絶しなければなりません。金銭の要求や、極端な生活態度の承認などに応じると、子どもの求めることがどんどん過剰になっていきます。常識的なこづかい、生活を逸脱したら、はっきりと拒否します。

Q ゲーム依存はどうすれば？

A 興味をいかす支援を

部屋に閉じこもっている子からゲームをとりあげると、反発を招きます。禁止するのではなく、ゲームへの興味を学校や仕事にむすびつけるような提案をしましょう。

Q 非行にむすびつかないか？

A 深い関連は認められない

非行の主因となることは、ほとんどありません。考え方や生活の偏りがはげしくなり、結果として事件・事故を起こすことはありますが、それも周囲の働きかけで防げます。本人が孤立しないよう、会話や相談の機会を積極的にもうけましょう。

気持ちが楽になるなら、と考えて金銭を与えていると、事態が悪化する

Q 暴力はエスカレートする？

A 受け入れるとはげしくなる

ストレスや悩みごとを衝動的に爆発させてしまう子どもは、けっして少なくありません。そのとき、暴力が向かう対象は弱いもの。家具や母親です。最初は耐えられる暴力でも、甘んじていると、はげしいものになっていきます。家族だけで防げなければ、第三者や警察の力を頼ることも必要です。

不安は抱えこまず、誰かに相談を

子どもの将来や自分たちの対応など、不安に思うことはたくさんあるでしょう。人間関係に正解はないのですから、不安になるのは当然です。

不安になったときは、ひとりで悩みを抱えこまず、身近な人に相談をしてください。ひとりでは解決などできそうにないと感じたことが、友達にとっては簡単なことだったりします。

疑問や不安を解消するためには、人の力を借りるのがいちばん簡単で確実です。

これで変わった！　実例集⑤

過食症から不登校になり、自ら医療機関を受診

不登校・ひきこもりにほかの病気・障害が深く関係している場合には、医療機関を訪れて治療や対応を受けましょう。それによって外出できるようになっていきます。

Eさんは高校生の女の子。高校までは問題なく育ってきたが、高校に入ってから友達に「太った？」と言われて傷つき、生活が一変。

原因・きっかけ　体型を気にしてダイエットをはじめたら、ますます気になり過食症に。さらに不登校にもなった

症状・経過　体を友達にみられることがつらくて登校できなくなり、その状態から抜け出せなくなった

対応・改善

友達の「太った？」という一言がきっかけに

女性特有の心の病気に、摂食障害があります。体型を気にするあまり、食事を拒んだり、食べて戻したりする病気です。Eさんはその摂食障害にかかったことが引き金となり、不登校になりました。

体型を気にしてダイエットをはじめた当初は、それなりに体重が減っていきました。しかし、じきに体重が増え出すと、自分の体をみにくいと考え、人前に出ることができなくなってしまったのです。

そもそものきっかけは、友達の発した「太った？」という一言でした。そのように小さなことから不登校のような問題が起きる場合もあるのです。

過食症も不登校もやめたいという自覚があった

Eさんは自分が過食症だということも、そのせいで不登校になったことも自覚していました。そして、できることならその状態から抜け出したいと考えていました。

自らクリニックを訪れ、カウンセリングで改善

Eさんは自分の意志でクリニックを受診しました。そこで「状態がすぐに戻るわけではないが、あせらずカウンセリングを」と告げられ、その通りにしました。

カウンセリングを受け続けるうちに、過食への罪悪感が薄らぎ、精神的に落ち着いていきました。そして、受診から数ヵ月後には再び高校に通いはじめました。その後も体型が気になったり、過食をしてしまうことはありますが、登校は続けています。

※よりくわしく知りたい方は健康ライブラリーイラスト版『拒食症と過食症』（切池信夫監修）をご覧ください

■監修者プロフィール
磯部　潮（いそべ・うしお）

1960年、三重県生まれ。いそべクリニック院長、大井町こころのクリニック理事長、医学博士、臨床心理士。名古屋市立大学医学部を卒業、厚生連尾西病院、大同病院、名古屋市立精神保健指導センター、厚生連海南病院をへて、現職。東京福祉大学教授を兼任。

専門は身体表現性障害、不登校・ひきこもりなどの思春期・青年期の精神病理、境界性人格障害の精神病理。著書に『人格障害かもしれない』（光文社）、『不登校を乗り越える』（PHP研究所）、『「ひきこもり」がなおるとき』（講談社）など。

●編集協力
オフィス201
●カバーデザイン
松本　桂
●カバーイラスト
長谷川貴子
●本文デザイン
勝木雄二
●本文イラスト
さいとうあずみ
丸山裕子

■参考文献

磯部潮著『「ひきこもり」がなおるとき　23人の臨床例』（講談社）
磯部潮著『不登校を乗り越える』（PHP研究所）
市川宏伸監修『子どもの心の病気がわかる本』（講談社 健康ライブラリー イラスト版）
斎藤環著『社会的ひきこもり　終わらない思春期』（PHP研究所）
斎藤環著『「ひきこもり」救出マニュアル』（PHP研究所）
高橋三郎・大野裕・染矢俊幸訳『DSM-Ⅳ精神疾患の診断・統計マニュアル』（医学書院）

健康ライブラリー　イラスト版

不登校《ふとうこう》・ひきこもりの心《こころ》がわかる本《ほん》

2007年7月10日　第1刷発行
2021年4月28日　第13刷発行

監　修　磯部　潮（いそべ・うしお）
発行者　鈴木章一
発行所　株式会社講談社
東京都文京区音羽二丁目12-21
郵便番号　112-8001
電話番号　編集　03-5395-3560
販売　03-5395-4415
業務　03-5395-3615
印刷所　凸版印刷株式会社
製本所　株式会社若林製本工場
N.D.C 493　98p　21cm

ISBN978-4-06-259415-8